DAS CHINESISCHE HOROSKOP

Xing Shu

DAS CHINESISCHE HOROSKOP

Xing Shu

Ihr Blick in die Zukunft

Charaktertypologie · Partnerbeziehungen
Gesundheit · Glückszahlen & günstige Zeitpunkte

Die Deutsche Bibliothek – CIP-Einheitsaufnahme

Xing, Shu:
Das chinesische Horoskop : ihr Blick in die Zukunft:
Charaktertypologie – Partnerbeziehungen – Gesundheit –
Glückszahlen und günstige Zeitpunkte / Xing Shu. – 2. Aufl. –
Landsberg am Lech : mvg-verl., 1996
  (mvg-Paperbacks ; 532)
  ISBN 3-478-08532-2
NE: GT

Umschlaggestaltung: Gruber & König, Augsburg
Illustrationen: Birgit Werner, Baldham
Satz: Fotosatz H. Buck, Kumhausen
Druck- und Bindearbeiten: Presse-Druck Augsburg
Printed in Germany 080 532/1296502
ISBN 3-478-08532-2

Inhaltsverzeichnis

Danksagung

Hiermit möchte ich meinen Freunden Aljoscha Schwarz und Ronald Schweppe herzlich danken — ohne sie wäre dieses Buch nicht zustande gekommen.

Der Weg des Himmels

So ist des Himmels Weg:
ohne Kampf, doch siegreich,
ohne Worte, doch Antwort gebend,
ohne Bemühung, doch alles geschieht von selbst,
ohne Härte, doch setzt er sich durch.
Tao te King

Immer schon haben die Menschen versucht, das Schicksal zu ergründen, die scheinbar zufälligen Ereignisse, die ihr Leben betrafen, zu verstehen, um für die Zukunft besser gewappnet zu sein. Für die Menschen der Vorzeit herrschte das Chaos. Wilde Götter erlegten für Vergehen, die man nicht kannte, Strafen auf, ein anderes Mal belohnten die Götter, und man wußte genausowenig, was der Verdienst war. Also versuchten die Menschen, die Götter zu besänftigen.

Im Laufe vieler tausend Jahre und durch die Bemühungen besonders kluger und aufmerksamer Menschen erkannte man, daß die Dinge sich nicht zufällig ereignen und daß nicht unbarmherzige Götter ihre Willkürherrschaft ausüben (es gab ja auch genug Menschen, die das taten ...). Die wechselseitigen Beziehungen in der Natur waren nicht vollkommen willkürlich, sondern folgten bestimmten Regeln. Die einfachsten dieser Regeln waren selbst in der grauen Vorzeit bekannt: Auf den Frühling folgt der Sommer, auf den Sommer der Herbst, auf diesen der Winter, und dann beginnt der Zyklus wieder mit dem Frühling. (Dafür benötigte man noch keine besondere Beobachtungsgabe.)

Doch die Einsicht in das Wirken der Natur-„Gesetze" wurde immer tiefgehender, und die Menschen begannen, sich weniger vor der scheinbaren Willkür der Natur zu fürchten. Sie erkannten, daß sie mit genauer Beobachtung die Absichten der Natur erkennen und sich darauf einstellen konnten.

Besonders wichtig war dies für die Bauern, deren Ernte davon abhing, daß zu den richtigen Zeitpunkten gesät und geerntet wurde. Sie beobachteten die Zeichen der Erde und des Himmels und fanden im Laufe der Zeit Wege, diese zu interpretieren.

Es gibt nun zwei Möglichkeiten der Entwicklung: Die eine besteht darin, immer mehr Einzelheiten zu analysieren und genau zu erforschen — das ist der Weg, den die Wissenschaften gingen. Die andere Möglichkeit besteht darin, in der meditativen Beobachtung und intuitiven Schau das Gesamtbild immer klarer zu erkennen — das ist der Weg der Kunst.

Während sich im Westen die Wissenschaft besonders stark entwickelte und die Astrologie zu einem ungeheuer komplizierten und in seinen analytischen Möglichkeiten äußerst starken System wurde, ging man in China den anderen Weg. Schon im chinesischen Altertum, das im Dunkel der Geschichte verschwimmt, lehrten die Weisen die Einheit des Kosmos. Die Erscheinungen der Welt entspringen der Anschauung. Das Eine wird zur Dualität — zu Yin und Yang, die oft als Gegensätze erscheinen, aber letztendlich doch nur Aspekte des Tao sind. Aus dieser Zweiheit entspringt dann die Vielheit der Meinungen und Ansichten. Doch alles steht in Beziehung zueinander und ist ineinander verwoben.

Am deutlichsten treten die Beziehungen zu einem Urgrund in sich ständig wiederholenden Rhythmen zutage — am einfachsten zu sehen an den Tagen und Jahreszeiten. Doch es gibt auch die Rhythmen des Mondes, der Planeten oder der Erde. Schon früh kamen die Menschen auf den Gedanken, daß die Verhältnisse dieser Rhythmen zueinander den Rhythmus des Kosmos wiedergaben. Und da alles in einem verwobenen Zusammenhang steht, könnte man bei genauer Beobachtung und richtiger Interpretation doch die günstigsten Zeitpunkte für Aussaat und Ernte, für Hochzeit und Feiern, für Krieg und für Frieden herausfinden.

In China gab es diese Voraussagen schon lange, bevor Geschichtsbücher geschrieben wurden (und das war in China schon sehr früh der Fall). Aber worauf beruhten nun diese Voraussagen? In China spielten die Sterne zwar eine Rolle, aber eine weitaus weniger bedeutende als im Westen. Bedeutender waren ebenjene Rhythmen des Mondes, der Sonne und vor allem auch der Erde — und natürlich deren Beziehungen zueinander. Die chinesische Astrologie ist also im Grunde gar keine *Astro*logie, keine Sterndeutung, sondern eine Deutung der Rhythmen der Natur, wovon besonders die Landwirtschaft bereits im chinesischen Altertum profitierte.

Die chinesische ,,Astrologie'' ist uralt. Als das älteste, bis heute erhaltene chinesische Buch über die Deutung der himmlischen und irdischen Rhythmen vor über 1200 Jahren gedruckt wurde (ja, man kannte in China bereits damals den Buchdruck!), waren die darin enthaltenen Regeln und Interpretationen schon so alt, daß niemand mehr um ihre Herkunft wußte! Heute erkennen die Menschen wieder, daß sie Teil der Natur sind und gut daran täten, mit den Rhythmen der Natur ,,mitzuschwingen'' und sich tragen zu lassen, anstatt sich gegen sie zu stellen.

Sich selbst erkennen

Wer die Menschen kennt, ist klug,
wer sich selbst kennt, ist erleuchtet.
Wer die Menschen besiegt, hat Macht,
wer sich selbst besiegt, hat Stärke.
Tao te King

Während die Menschen früher auf die richtige Interpretation der natürlichen Rhythmen angewiesen waren, um überleben zu können – eine Mißernte konnte eine Hungersnot bedeuten –, treten heute andere Bedürfnisse zutage. Die Menschen suchen nach Sinn, denn er gehört zum Menschsein. Doch von diesem Sinn haben wir uns in den „zivilisierten" Ländern zunehmend entfernt. Wer allerdings nur einigermaßen sensibel ist, spürt, daß wir uns selbst bei der Suche nach immer mehr materiellem Wohlstand verlieren. Deshalb haben viele Menschen heute auch das Bedürfnis, sich selbst genauer kennenzulernen.

Die chinesische Astrologie ist eine gute Methode, um sich im Einklang mit der Natur zu bewegen, sich selbst zu erkennen und seine Entwicklungsmöglichkeiten auszuschöpfen. Sie betrachtet die Dinge dabei aus einem etwas anderen Blickwinkel als die westliche Astrologie. (Wenn Sie der Vergleich interessiert, lesen Sie bitte dazu auch das letzte Kapitel.)

In diesem Buch geht es vor allem darum, die Selbsterkenntnis zu fördern und es jedem zu erleichtern, seinen Weg zu finden, auf dem er ohne Schwierigkeiten den natürlichen Rhythmen der Natur folgen kann. Wichtig ist dabei, stets im Auge zu behalten, daß das chinesische Horoskop über diese Rhythmen *Auskunft gibt* – aber es liegt in uns selbst, ob wir im Einklang damit leben wollen oder ob wir uns gegen sie stellen.

Bevor Sie sich jedoch in das Abenteuer der Erforschung Ihres Selbst stürzen, möchte ich kurz erläutern, wie Sie beim

Erstellen eines persönlichen chinesischen Horoskops vorgehen: Die Hauptbestandteile des chinesischen Horoskops sind zum einen die Jahre, die die Namen von Tieren tragen und sich in einem Zwölf-Jahres-Rhythmus wiederholen; den anderen Teil bilden die Fünf Elemente, die jeweils zwei Jahren zugeordnet sind und einen zehnjährigen Rhythmus angeben. Diese beiden Aspekte ergeben also einen gemeinsamen 60jährigen Rhythmus — den Rhythmus des menschlichen Lebens. Um individuellere Einsichten — was den Intellekt und die Gefühle betrifft — zu gewinnen, zieht man zusätzlich den Geburtsmonat und die Geburtsstunde heran, welche die Eigenschaften, die durch Jahr und Element bestimmt werden, beeinflussen.

Lesen Sie also zunächst im folgenden Kapitel ,,Die Zeichen'' den Abschnitt, der Ihr Geburtsjahr betrifft, und machen Sie sich eingehend damit vertraut. Nehmen Sie sich dann die folgenden Abschnitte ,,Die Fünf Elemente'', ,,Die Monate'' und ,,Die Stunden'' vor. Lassen Sie sich genügend Zeit, um die jeweils neuen Aspekte in Ihr Bild von sich selbst zu integrieren.

Am Ende des Buches finden Sie noch ein hervorragendes Werkzeug, um mit Hilfe der Gesetze der chinesischen Deutungskunst positive und negative Einflüsse der kommenden Jahre zu erkennen: das ,,Himmelsrad''.

Und nun wünsche ich Ihnen viel Freude bei der Arbeit an Ihrem persönlichen chinesischen Horoskop!

Kapitel 1:
Die Zeichen

Jedem Jahr wird in China ein Name gegeben, der seine besonderen Qualitäten und Eigenschaften symbolisiert. Wann die Menschen damit begannen, die Jahre zu benennen, wissen wir heute überhaupt nicht mehr – mit Sicherheit gibt es aber die zwölf Tiere schon seit über 2000 Jahren. In dieser langen Zeit haben kluge Menschen einige Erfahrungen gesammelt, die bis auf den heutigen Tag von Bedeutung sind. Eine dieser Erfahrungen ist die, daß Menschen, die im Abstand von zwölf Jahren – also unter demselben Tiersymbol – geboren wurden, gewisse gemeinsame Charakteristika aufweisen. So neigen beispielsweise Menschen, die unter dem Zeichen des Hundes geboren wurden, dazu, der Freundschaft ganz besonderen Wert beizumessen; oder Tiger-Geborene tendieren dahin, sich einer spirituellen Suche zu verschreiben.

Selbstverständlich sind Menschen nur deshalb, weil sie im Abstand von zwölf Jahren geboren wurden, nicht gleich. Nicht einmal diejenigen, die in ein- und demselben Jahr geboren sind, gleichen sich – oder sind sich auch nur ähnlich. Und doch gibt es – wenn man genauer hinsieht – gewisse Gemeinsamkeiten zwischen den Menschen eines Geburtsjahres. Gerade wenn man den Blick auf die Geschichte wirft, wird das deutlich. Warum finden oft innerhalb eines Jahres grundlegende Veränderungen statt, warum gibt es in einem Jahr plötzlich Revolutionen, obwohl es im Jahr zuvor und danach ruhig ist? Auch in der Schule kann man gut beobachten, daß sich die Jahrgänge deutlich voneinander abheben; jeder Jahrgang hat seine Eigenheiten – das kann jeder Lehrer bestätigen. Doch diese Gemeinsamkeiten erkennt man nicht auf den ersten Blick, sie liegen nicht an der Oberfläche. Sonst würden sich ja alle Menschen eines Jahrgangs ganz erstaunlich ähneln. So ist es natürlich nicht. Jeder Jahrgang bringt Heilige und Verbrecher, erfolgreiche und erfolglose, gute und schlechte Menschen hervor.

Die zwölf Tiersymbole zeigen, welche Anlagen in uns vorhanden sind, welche Eigenschaften wir besonders leicht entwickeln können, in welchen Bereichen wir noch an uns arbeiten müssen und wo besondere Schwierigkeiten liegen. Die Tiersymbole sind eine Hilfe bei der Selbsterkenntnis und der seelischen Entwicklung, und sie erleichtern es, andere Menschen zu verstehen.

Mit Hilfe der folgenden Tabelle können Sie leicht herausfinden, welches Tiersymbol bei Ihrer Geburt herrschte. Die unterschiedlichen Jahresanfänge ergeben sich, weil es sich um chinesische Jahre handelt, bei denen der Neujahrstag mit dem zweiten Neumond nach der Wintersonnwende zusammenhängt.

Tabelle 1: Die Zeichen

31. 01. 1900 – 18. 02. 1901	Ratte
19. 02. 1901 – 07. 02. 1902	Büffel
08. 02. 1902 – 28. 01. 1903	Tiger
29. 01. 1903 – 15. 02. 1904	Hase
16. 02. 1904 – 03. 02. 1905	Drache
04. 02. 1905 – 24. 01. 1906	Schlange
25. 01. 1906 – 12. 02. 1907	Pferd
13. 02. 1907 – 01. 02. 1908	Ziege
02. 02. 1908 – 21. 01. 1909	Affe
22. 01. 1909 – 09. 02. 1910	Huhn
10. 02. 1910 – 29. 01. 1911	Hund
30. 01. 1911 – 17. 02. 1912	Schwein
18. 02. 1912 – 05. 02. 1913	Ratte
06. 02. 1913 – 25. 02. 1914	Büffel
26. 01. 1914 – 13. 02. 1915	Tiger
14. 02. 1915 – 02. 02. 1916	Hase
03. 02. 1916 – 22. 01. 1917	Drache
23. 01. 1917 – 10. 02. 1918	Schlange
11. 02. 1918 – 31. 01. 1919	Pferd
01. 02. 1919 – 19. 02. 1920	Ziege

20. 02. 1920 – 07. 02. 1921	Affe
08. 02. 1921 – 27. 01. 1922	Huhn
28. 01. 1922 – 15. 02. 1923	Hund
16. 02. 1923 – 24. 02. 1924	Schwein
25. 02. 1924 – 24. 01. 1925	Ratte
25. 01. 1925 – 12. 02. 1926	Büffel
13. 02. 1926 – 01. 02. 1927	Tiger
02. 02. 1927 – 22. 01. 1928	Hase
23. 01. 1928 – 09. 02. 1929	Drache
10. 02. 1929 – 29. 01. 1930	Schlange
30. 01. 1930 – 16. 02. 1931	Pferd
17. 02. 1931 – 05. 02. 1932	Ziege
06. 02. 1932 – 25. 01. 1933	Affe
26. 01. 1933 – 13. 02. 1934	Huhn
14. 02. 1934 – 03. 02. 1935	Hund
04. 02. 1935 – 23. 01. 1936	Schwein
24. 01. 1936 – 10. 02. 1937	Ratte
11. 02. 1937 – 30. 01. 1938	Büffel
31. 01. 1938 – 18. 02. 1939	Tiger
19. 02. 1939 – 07. 02. 1940	Hase
08. 02. 1940 – 26. 01. 1941	Drache
27. 01. 1941 – 14. 02. 1942	Schlange
15. 02. 1942 – 04. 02. 1943	Pferd
05. 02. 1943 – 24. 01. 1944	Ziege
25. 01. 1944 – 12. 02. 1945	Affe
13. 02. 1945 – 01. 02. 1946	Huhn
02. 02. 1946 – 21. 01. 1947	Hund
22. 01. 1947 – 09. 02. 1948	Schwein
10. 02. 1948 – 28. 01. 1949	Ratte
29. 01. 1949 – 16. 02. 1950	Büffel
17. 02. 1950 – 05. 02. 1951	Tiger
06. 02. 1951 – 26. 01. 1952	Hase
27. 01. 1952 – 13. 01. 1953	Drache
14. 01. 1953 – 02. 02. 1954	Schlange
03. 02. 1954 – 23. 01. 1955	Pferd
24. 01. 1955 – 11. 02. 1956	Ziege
12. 02. 1956 – 30. 01. 1957	Affe
31. 01. 1957 – 17. 02. 1958	Huhn
18. 02. 1958 – 07. 02. 1959	Hund
08. 02. 1959 – 27. 01. 1960	Schwein

28. 01. 1960 – 14. 02. 1961	Ratte
15. 02. 1961 – 04. 02. 1962	Büffel
05. 02. 1962 – 24. 01. 1963	Tiger
25. 01. 1963 – 12. 01. 1964	Hase
13. 01. 1964 – 01. 02. 1965	Drache
02. 02. 1965 – 20. 01. 1966	Schlange
21. 01. 1966 – 08. 02. 1967	Pferd
09. 02. 1967 – 29. 01. 1968	Ziege
30. 01. 1968 – 16. 02. 1969	Affe
17. 02. 1969 – 05. 02. 1970	Huhn
06. 02. 1970 – 26. 01. 1971	Hund
27. 01. 1971 – 15. 01. 1972	Schwein
16. 01. 1972 – 02. 02. 1973	Ratte
03. 02. 1973 – 22. 01. 1974	Büffel
23. 01. 1974 – 10. 02. 1975	Tiger
11. 02. 1975 – 30. 01. 1976	Hase
31. 01. 1976 – 17. 02. 1977	Drache
18. 02. 1977 – 06. 02. 1978	Schlange
07. 02. 1978 – 27. 01. 1979	Pferd
28. 01. 1979 – 15. 02. 1980	Ziege
16. 02. 1980 – 04. 02. 1981	Affe
05. 02. 1981 – 24. 01. 1982	Huhn
25. 01. 1982 – 12. 02. 1983	Hund
13. 02. 1983 – 01. 02. 1984	Schwein
02. 02. 1984 – 19. 02. 1985	Ratte
20. 02. 1985 – 08. 02. 1986	Büffel
09. 02. 1986 – 28. 01. 1987	Tiger
29. 01. 1987 – 16. 02. 1988	Hase
17. 02. 1988 – 05. 02. 1989	Drache
06. 02. 1989 – 26. 01. 1990	Schlange
27. 01. 1990 – 14. 02. 1991	Pferd
15. 02. 1991 – 03. 02. 1992	Ziege
04. 02. 1992 – 22. 01. 1993	Affe
23. 01. 1993 – 09. 02. 1994	Huhn
10. 02. 1994 – 30. 01. 1995	Hund
31. 01. 1995 – 18. 02. 1996	Schwein
19. 02. 1996 – 07. 02. 1997	Ratte
08. 02. 1997 – 27. 01. 1998	Büffel
28. 01. 1998 – 05. 02. 1999	Tiger
06. 02. 1999 – 27. 01. 2000	Hase

So, nun wissen Sie, unter welchem Zeichen Sie geboren sind. Im nun folgenden Hauptteil des Buches finden Sie eine ausführliche Beschreibung eines jeden Zeichens. Dabei habe ich folgende Bereiche besprochen:

Das Zeichen

Die symbolische Bedeutung des Tieres in China, seine Glückszahl und Glücksfarbe werden beschrieben.

Charakter

Anlagen und Möglichkeiten — hier werden die Grundtendenzen eines jeden Zeichens besprochen.

Liebe und Gefühle

Unter dieser Überschrift finden Sie weitere Hinweise auf Besonderheiten, was die zwischenmenschlichen Beziehungen angeht. Außerdem werden die Beziehungen zu den anderen Tiersymbolen beschrieben.

Beruf

Dieser Abschnitt enthält Hinweise auf die beruflichen Konsequenzen aus den Anlagen des Zeichens.

Geld

Hier wird die Beziehung eines jeden Symbols zum Geld besprochen.

Die Entwicklung

Tips und Hinweise, wie die seelische Entwicklung ohne Schwierigkeiten verlaufen kann und vor welchen Fallstricken sich jedes Zeichen hüten sollte, werden genannt.

Berühmte Persönlichkeiten

Hier werden Persönlichkeiten aus Geschichte, Kultur, Kunst, Sport, Politik und Wissenschaft aufgeführt, die unter dem Zeichen, das gerade beschrieben wird, geboren wurden.

Gesundheit

Dieser Abschnitt bietet einige Tips für die Gesundheit. Außerdem ist jedem Tiersymbol ein *Meridian* zugeordnet. Meridiane sind in der chinesischen Medizin Energiebahnen, die sich durch den menschlichen Körper ziehen und seine Gesundheit beeinflussen. Bei der Akupunktur werden diese durch das Einstechen von Nadeln behandelt. Die Harmonisierung der Meridiane kann aber auch durch Druck mit den Fingern (Akupressur) stattfinden. Ich habe für jedes Tierzeichen den besonders problematischen Meridian auf einer Zeichnung dargestellt und die Punkte darauf eingezeichnet, die Sie leicht selbst behandeln können, um Ihr Wohlbefinden und Ihre Gesundheit zu steigern.

Das Zeichen der Ratte

In China gilt die Ratte als Symbol für Weisheit. Bei ihr überwiegt die Yang-Energie – das aktive, männliche Prinzip. Ein Jahr der Ratte bringt Kraft und Fortschritte in der Erkenntnis. Die Glückszahl der ,,Ratte'' ist die ,,5''; ihre Farbe ist Blau.

Menschen, die in einem Jahr der Ratte geboren sind, suchen nach Vollkommenheit in allen Dingen; dies ist es auch, was den Weisen kennzeichnet. Alles, was der Weise tut, macht er mit ganzem Herzen; auf diese Art verwirklicht die „Ratte" ihre guten Anlagen. Wenn sie ihren Weg findet, zeigt sie großes Durchhaltevermögen und zielstrebige Kraft.

Die Suche nach Vollkommenheit schlägt allerdings mitunter in einen zwanghaften Perfektionierungsdrang um. Dann werden die Kräfte auf Nebensächliches, Unwichtiges gelenkt und führen vom Weg ab. Oft ist es leichter, etwas Belangloses perfekt zu machen, als die Dinge in Angriff zu nehmen, die wichtig sind. Dies sind jedoch nur Ablenkungsversuche, die es zu durchschauen gilt: Die „Ratte" muß sich davor hüten, sich blindlings in eine Aufgabe zu stürzen, ohne sich zuvor über ihre Richtig- und Wichtigkeit Gedanken zu machen. Es ist daher förderlich, als allerersten Schritt überhaupt über das eigene Tun nachzudenken.

„Ratten" gelten im allgemeinen als unbestechlich. Sie können keinen Sinn darin sehen, von ihrem Weg abzuweichen, um Vorteile zu erlangen, die mit diesem Weg nichts zu tun haben. In der Regel ist das natürlich positiv. Doch mitunter ist die „Unbestechlichkeit" nur ein Vorwand für Starrsinn.

„Ratten" neigen nicht selten dazu, sich zu überarbeiten, weil sie ihre eigenen Grenzen nicht respektieren. Sie sind ehrgeizig, streben den Erfolg an und gehen dabei manchmal ihren Weg, ohne Rücksicht auf sich selbst zu nehmen. Bis zu einem gewissen Grad ist das durchaus sinnvoll und gehört zum Weg der „Ratte". Sie stellt *sich* nicht zu sehr in den Mittelpunkt, sondern die Sache, für die sie einsteht.

Das Durchsetzungsvermögen der „Ratte" beruht darauf, daß ihr viele Möglichkeiten zur Verfügung stehen, andere Menschen zu überzeugen. Ihr Streben nach Perfektion kann als Vorbild für andere dienen; überdies sind Menschen, die in einem Jahr der Ratte auf die Welt kamen, meist liebenswürdig und können gut mit anderen Menschen umgehen.

Die Liebenswürdigkeit und Höflichkeit der „Ratte" sind sehr angenehme Wesenszüge — solange sie nicht in Schmeichelei umschlagen. Das erweist sich auch deshalb als negativ, weil der Ratten-Geborene immer eine gewisse innere Distanz bewahrt und man ihm Schmeicheleien ohnehin nicht abnimmt: Wer einigermaßen sensibel ist, durchschaut die „Ratte", wenn sie nicht ihrem Wesen gemäß handelt.

„Ratten" fallen oft durch ihren guten Geschmack auf. Sie versuchen alles, was sie tun, auf eine elegante Art und Weise zu tun. Das hängt natürlich mit ihrem Streben nach Vollkommenheit zusammen. Wenn etwas praktisch perfekt ist, es ihm aber noch an Schönheit und Eleganz mangelt, ist es für die „Ratte" unvollkommen. Wenn sie ihrem inneren Wesen folgt, ist dies ein wunderbarer Zug: Alle Dinge werden verfeinert und mit einer gewissen Eleganz versehen. Eine Gefahr liegt allerdings in diesem Wesenszug, wenn er eine falsche Richtung nimmt — nämlich dann, wenn der Sinn für das Schöne und Elegante nur auf Äußerlichkeiten ausgerichtet wird. Natürlich ist es nicht falsch, sein Haus schön einzurichten, sich seine Kleidung geschmackvoll zusammenzustellen oder gerne in feinen Restaurants zu speisen. All das hat seine Berechtigung, wenn es nicht absolut gesetzt wird. Wenn jedoch *alle* Energie daran gesetzt wird, das Äußere geschmackvoll zu gestalten, bleibt keine Kraft mehr für die innere Schönheit.

Die Verbindung des Strebens nach Vollkommenheit mit dem Sinn für das Schöne machen Menschen, die unter dem Zeichen der Ratte geboren sind, oft besonders ausdrucksstark. Sie selbst merken oft gar nichts davon; der Ausdruck wendet sich ja an andere. Dazu kommt, daß die „Ratte" äußerst einfallsreich ist. Ohne diese Eigenschaft würde es ihr gar nicht gelingen, einen Weg konsequent zu gehen. Allerdings geht der Einfallsreichtum in manchen Fällen auch zu Lasten der persönlichen Entwicklung: Die „Ratte" ist selten um Ausreden verlegen, mit denen sie sich beispielsweise vor schwierigen Aufgaben zu drücken versucht.

Wichtig für die „Ratte" ist das Nachdenken über den eigenen Weg. Wenn dieser klar ist, hat sie meist wenig Schwierigkeiten, ihn zu gehen.

Die Suche nach Vollkommenheit beherrscht auch die Liebesbeziehungen der Ratten-Geborenen. Deshalb haben sie auch
oft Probleme in diesem Bereich, vor allem in jungen Jahren.
Denn die angestrebte Vollkommenheit ist illusorisch. Welcher Mensch ist schon vollkommen? Die ,,Ratte'' stellt häufig Ansprüche an ihren Partner, die sie selbst nicht erfüllt.
(Natürlich ist sie auch hier einfallsreich: Sie wird vor allem
in jenen Bereichen Vollkommenheit fordern, in denen sie
selbst zumindest gut, wenn nicht ,,vollkommen'' ist. Eigene
Mängel in anderen Bereichen fallen dann unter den Tisch.)
Gerade bei jüngeren ,,Ratten'' kommen deshalb Wutausbrü-
che und Eifersucht nicht selten vor — Verhaltensweisen, die
sie außerhalb einer Liebesbeziehung kaum zeigen würden.

In der Regel ist die ,,Ratte'' — vor allem über das jugendliche Alter hinaus — sehr kontrolliert und beherrscht. Sie zeigt
ihre Gefühle ungern — aus einer inneren, selten bewußten
Angst heraus, verletzt zu werden. Intelligente ,,Ratten'' wissen nämlich ganz genau, daß die Perfektion, die sie in einem
Partner suchen, nicht zu erfüllen ist: Dauerhaftigkeit und Abwechslung stehen in einem Konflikt. Wenn sich die ,,Ratte''
das nicht klarmacht und nach Möglichkeiten sucht, ihre Gefühle auszudrücken, entsteht ein Gefühlsstau, der ihre positiven Energien schwächt.

Die Beziehungen zu den anderen Zeichen

Ratte

Mit anderen Menschen, die im Jahre der Ratte geboren sind,
kommen ,,Ratten'' zwar gut aus, aber es bleibt meist eine
gewisse Distanz, die daher rührt, daß unterschiedliche Ziele
angestrebt werden. ,,Die große Liebe'' wird nur dann daraus, wenn sich beide dem gleichen Ziel verschrieben haben
und ihr Streben nach Perfektion vereinen.

Büffel

Zu „Büffeln" haben „Ratten" im allgemeinen eine gute Beziehung. Die Geduld des Büffel-Geborenen bildet ein gutes Gegengewicht zu dem mitunter hektischen Streben der „Ratte". Selten ist es Liebe auf den ersten Blick, sondern eher eine beständig wachsende liebevolle Freundschaft.

Tiger

Mit „Tigern" kommen „Ratten" meist nicht so gut zurecht. Die Ruhelosigkeit und zeitweise Untreue des „Tigers" geht der „Ratte" oft „an die Nieren". Dabei wären die beiden gar nicht so verschieden, wie es auf den ersten Blick scheint; sie gehen die Dinge jedoch von anderen Seiten aus an, was eine Gegensätzlichkeit vortäuscht. Wenn „Ratte" und „Tiger" das erkennen, kann sich auch eine tiefe Liebe entwickeln.

Hase

Die Friedlichkeit und Unaufdringlichkeit des in einem Jahr des Hasen Geborenen macht ihn für die meisten Zeichen — so auch für die „Ratte" — zu einem angenehmen Partner. Beide haben auch das ästhetische Empfinden und die Freude am Sex gemeinsam. Der „Hase" wäre der ideale Partner für die „Ratte", wenn nicht eine gewisse Experimentierfreudigkeit des „Hasen" im Beziehungsbereich für manche Konflikte sorgen würde.

Drache

„Drachen" sind die Traumpartner der „Ratten". Die Energie und der Erfolg, den Drachen-Geborene ausstrahlen, wirken auf „Ratten" sehr anziehend. Beide Zeichen tendieren dazu, ihre Gefühle zu verbergen; wenn sie diese Schwierigkeiten überwinden, können sie geradezu ein Traumpaar werden.

Schlange

Mit der ,,Schlange" hat die ,,Ratte" Probleme – das gilt nicht nur für die Natur und das Tierreich, sondern auch für das Liebesleben der unter diesem Tierzeichen geborenen Menschen. In gewisser Weise ist das erstaunlich, da die ,,Ratte" viele Eigenschaften mit der ,,Schlange" gemein hat. Doch die Unabhängigkeit der Schlange-Geborenen ist der ,,Ratte" unheimlich. Wenn es ihr jedoch gelingt, ihre Gefühle besser zu zeigen und wenn sie sich mit der Unabhängigkeit der ,,Schlange" zurechtfinden kann, wird es eine sehr fruchtbare Beziehung werden.

Pferd

Mit Menschen, die in Jahren des Pferdes geboren sind, verstehen sich ,,Ratten" nur selten. Es gibt einfach zu viele Differenzen. Mit der Selbstbezogenheit der ,,Pferde" hat die ,,Ratte" Schwierigkeiten, während die Pferde-Geborenen mit dem ausgeprägten ästhetischen Empfinden der ,,Ratte" nichts anfangen können.

Ziege

Ziegen-Geborene und ,,Ratten" können gute Freunde werden – Liebesbeziehungen dagegen ist meist kein Erfolg beschieden. Obwohl der ,,Ratte" die Sanftheit und Einfühlsamkeit der ,,Ziege" zwar sehr guttut, ist ihr die ,,Ziege" auf Dauer zu gefühlvoll. Im Grunde suchen beide Zeichen nach einer Liebe, die der andere nur schwer geben kann. Es ist ratsam, es bei einer Freundschaft zu belassen.

Affe

,,Affe" und ,,Ratte" sind erstaunlicherweise recht gute Partner. Meist gibt es gewisse Anfangsschwierigkeiten, weil es beiden nicht leichtfällt, auf andere Menschen einzugehen. Sie werden sich wahrscheinlich häufig in die Haare geraten, sich dann aber schnell wieder versöhnen, so daß die Beziehung letztlich doch einen glücklichen Verlauf nimmt.

Huhn

Auch bei der Partnerschaft zwischen Ratte- und Huhn-Geborenen vermutet man zunächst nicht unbedingt, daß die beiden recht gut zueinander passen. Das exzentrische Wesen des ,,Huhns" spricht aber das ästhetische Empfinden der ,,Ratte" an – vor allem da Menschen, die im Zeichen des Huhns geboren sind, über eine gehörige Portion an Humor und Selbstironie verfügen, was der Ratte meist sehr guttut.

Hund

,,Hund" und ,,Ratte" kommen nur sehr schwer zusammen. Die ,,Ratte" verbirgt ihre Gefühle, und der in einem Jahr des Hundes geborene Mensch neigt zu Mißtrauen, wenn er jemanden kennenlernt. So verstärken sich die abstoßenden Tendenzen. Gelingt es beiden, diese erste Zeit zu überwinden, so kann eine feste Freundschaft entstehen, selten allerdings die große Liebe.

Schwein

Mit im Jahr des Schweins Geborenen schließt die ,,Ratte" meist sofort Freundschaft, die oft lange anhält und aus der sich wahre Liebe entwickeln kann. Für Menschen des Zeichens der Ratte ist der Umgang mit Menschen des Zeichens ,,Schwein" sehr förderlich, da diese die ,,Ratte" durch ihr Streben nach Wahrheit auf ihren Weg bringen können.

Beruf

Menschen, die unter dem Zeichen der Ratte geboren wurden, haben gute Aussichten, in ihrem Beruf weit zu kommen. Sie sind nämlich – wie in allen Bereichen – sehr erfolgsorientiert. Manchmal geht die ,,Ratte" dabei auch zu weit; – die

Karriere wird in den Mittelpunkt des Lebens gestellt. Zwar müssen andere Menschen darunter nicht leiden, da sie sich auf die ihr eigene elegante und liebenswürdige Art nach oben arbeitet; Ellenbogenmentalität ist der „Ratte" meist fremd. Doch für ihre persönliche Entwicklung ist es nicht nützlich – wie bereits zuvor erwähnt –, sich allzusehr einem äußeren Ziel zu verschreiben.

Wenn sich Ratten-Geborene im sozialen Bereich engagieren, ist dies oft ein Segen für andere, aber auch für die „Ratte" selbst. Auch in künstlerischen Berufen hat sie die Möglichkeit, durch ihre Zielstrebigkeit, ihren Fleiß und natürlich durch ihr ästhetisches Gespür Großes zu leisten. Allerdings fehlt es „Ratten" dann doch oft an der für die Kunst so wichtigen Intuition; hier steht ihnen manchmal ihr Ehrgeiz im Weg.

In Berufen im wirtschaftlichen Bereich oder in der Rechtsprechung sind Menschen, die im Jahre der Ratten geboren sind, für leitende Stellungen geeignet. In untergeordneten Positionen sind sie unterfordert, und ihr Drang, vorwärtszukommen, wird nicht befriedigt, was zu Frustrationen führt. „Ratten" sind gute Manager, da sich zu ihrer fachlichen Kompetenz noch die Fähigkeit gesellt, mit Menschen umgehen zu können. Allerdings sind sie keine charismatischen Führungspersönlichkeiten. In Berufen, in denen es darauf ankommt, Menschen allein durch die eigene Persönlichkeit und weniger durch Sachkompetenz zu motivieren, stoßen „Ratten" meist auf Probleme. Dazu gehört auch der Beruf des Politikers. Auch hier kann die „Ratte" zwar den Weg ganz nach oben bewältigen – allerdings bringt dieser Beruf oft die negativen Aspekte ihres Charakters zum Vorschein. Der ehemalige amerikanische Präsident Richard Nixon – der bisher einzige, der zurücktreten mußte – ist ein Ratte-Geborener.

Wenn „Ratten" selbständig sind, werden sie dann Erfolg haben, wenn sie sich mit einem Partner (am besten Hasen- oder Drachen-Geborene) zusammentun. Der Fleiß und die Eleganz, mit der die „Ratte" Probleme anpackt, bedarf noch der Ergänzung durch Glück und Kreativität – was nicht heißt, daß „Ratten" nicht kreativ sein können; es gelingt ihnen allerdings nicht leicht, ihre Kreativität in praktische Bahnen zu lenken.

Geld

Ratten-Geborene können mit Geld in der Regel gut umgehen. Das stellt im beruflichen, aber auch im persönlichen Bereich oft ein großes Plus dar; wirkliche Geldsorgen haben „Ratten" meist nicht. Sparsamkeit kann bei ihnen eine Tugend sein, die sie vor manchen Problemen bewahrt und es ihnen erleichtert, sich von übertriebenem Luxus fernzuhalten.

Die andere Seite der Sparsamkeit ist jedoch der Geiz. Dieser richtet sich hier allerdings vor allem gegen die eigene Person: Die „Ratte" gönnt sich nicht gerne die kleinen, kurzfristigen Annehmlichkeiten des Lebens, sondern denkt in größeren Zeiträumen. Wenn diese jedoch zu groß werden, verliert sie das Ziel der Sparsamkeit aus den Augen. Aus der sinnvollen Sparsamkeit entsteht sinnloser Geiz — nicht der Plan, für zukünftige finanzielle Probleme vorzusorgen, steht im Mittelpunkt, sondern die Sparsamkeit selbst wird zum Ziel. Manchmal leidet auch die Familie der „Ratte" darunter. Allerdings gibt es eine Situation, in der sich die Sparsamkeit der „Ratte" in ihr Gegenteil, in übertriebene Großzügigkeit verwandelt: Das geschieht dann, wenn sie sich verliebt. Obwohl dann ein anderes Extrem erreicht ist, zeigen sich hier doch die liebenswerteren Seiten der „Ratte". Enttäuschend wird es natürlich für den Partner, wenn die Verliebtheit ein wenig nachläßt und die großzügige „Ratte" zum Geizhals wird.

Insgesamt läßt sich sagen, daß Ratten-Geborene gut beraten sind, wenn sie sich auf ihr angeborenes Gefühl für den Umgang mit Werten verlassen, jedoch den Sinn und Zweck ihrer Sparsamkeit immer wieder einmal hinterfragen.

Die Entwicklung

Die positive Kraft, die den Ratte-Geborenen begleitet, ist eine gute Voraussetzung, um Ziele zu erreichen. Dabei ist es für die „Ratte" am wichtigsten, sich darüber Gedanken zu machen, ob das angestrebte Ziel den Einsatz wirklich wert ist. Sie wird ihren Weg am besten finden, wenn sie ihre Schwäche im Bereich des Intuitiven erkennt, daran arbeitet und sich davor hütet, sich allzusehr dem Materiellen zuzuwenden.

Gute und schlechte Jahre[1]

Jahre, die im Zeichen des Büffels und des Hundes stehen, sind für Ratten-Geborene vorteilhaft. Aber auch die Jahre im Zeichen des Tigers und des Schweines stehen unter sehr günstigen Einflüssen.

In den Jahren der Schlange und insbesondere in denen des Pferdes sollten „Ratten" dagegen besonders umsichtig vorgehen; die Energien dieser Jahre behindern sie. Allerdings muß das nicht zwingend heißen, daß diese Jahre schlecht verlaufen. Sie können bei der rechten Einstellung auch zu wertvollen Herausforderungen und wichtigen Schritten in der persönlichen Entwicklung werden.

Alle anderen Zeichen haben gemischte Einflüsse auf die „Ratte"; hier hängt sehr viel von dem Element und dem Geburtsmonat ab. Am vorteilhaftesten sind jedoch die Jahre der Ratte.

Berühmte Persönlichkeiten

Auffallend viele Prominente, die im Jahr der Ratte geboren sind, haben etwas mit Theater und Schauspiel zu tun. Das

---

[1] Im Kapitel „Das Himmelsrad" finden Sie ein Hilfsmittel, mit dem Sie die besonderen Stärken und Schwächen eines jeden Jahres für Ihr Zeichen ermitteln können.

erstaunt eigentlich nicht, denn das ästhetische Empfinden, die Ausdrucksstärke und nicht zuletzt der Fleiß der „Ratte" sind gute Voraussetzungen für ein Engagement in diesen Bereichen.

Einer der berühmtesten Dichter der Geschichte – William Shakespeare – war ein Ratte-Geborener, bei dem Ausdrucksstärke und Fleiß – Shakespeare hat ungeheuer viel geschrieben – besonders zur Geltung kommen. Die Eigenschaften der „Ratte" werden durch das Element Holz und den Monat des Hasen, die auch bei Shakespeares Geburt herrschten, auf das glücklichste ergänzt.

Interessanterweise bestehen bei den Schauspielern Doris Day und Marlon Brando dieselben Konstellationen. Auch sie sind in Jahren der Ratte sowie im Monat des Hasen geboren, und das vorherrschende Element ist Holz.

Bei dem bereits erwähnten Richard Nixon beeinflußte eine andere Konstellation seine weniger glückliche Laufbahn. Er wurde im Monat der Ratte geboren, was den Ehrgeiz, der bei der „Ratte" ohnehin mitunter ausufert, verstärkt.

Gesundheit

Gesundheitliche Probleme hängen bei Ratten-Geborenen meist damit zusammen, daß sie zu wenig auf die Signale ihres Körpers achten. Jede Krankheit, jeder Schmerz, jedes Mißgefühl unseres Körpers stellt eine Botschaft an uns dar, unser Verhalten, unsere Ernährung oder unsere Einstellungen zu verändern. „Ratten" übersehen diese Botschaften leicht.

Die anfälligsten Organe bei „Ratten" sind der Magen und die Blutgefäße. Häufig leiden sie unter zu hohem Blutdruck. Beide Probleme legen es eigentlich nahe, sich einmal mit Entspannungsmethoden zu beschäftigen. Wie man in China schon seit Tausenden von Jahren weiß, hängen Körper, Seele und Geist eng zusammen; eines beeinflußt das andere. Der „Ratte" bereiten oft Streß und Verspannungen Probleme.

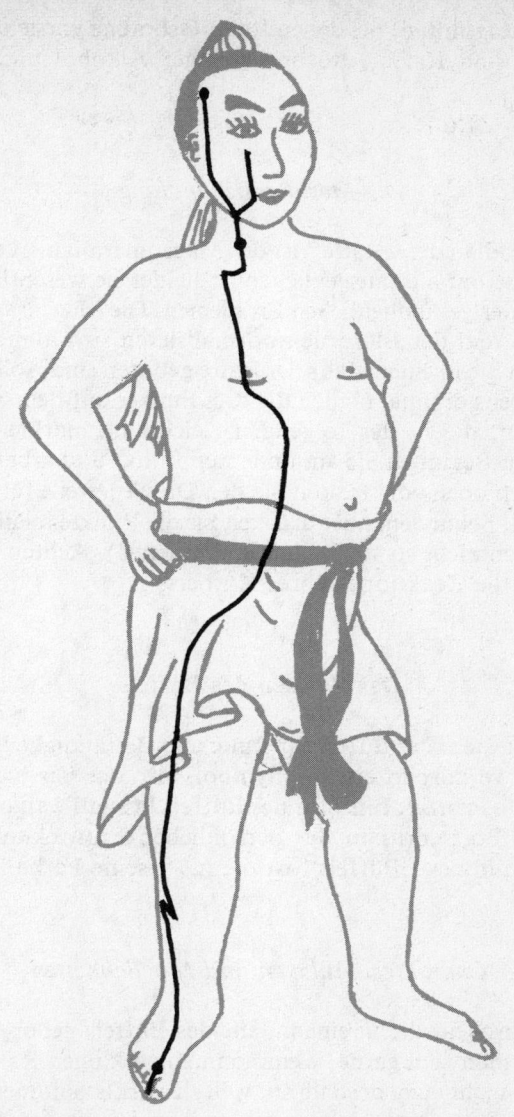

Abb. 1: Magenmeridian

Nahrungsmittel, bei denen Ratte-Geborene vorsichtig sein sollten, sind Kaffee, hochprozentiger Alkohol und fettes Fleisch.

Die Meridianbehandlung

Der Meridian der „Ratte" ist der Magenmeridian. Wenn der Energiestrom hier ausgeglichen ist, leidet sie wesentlich seltener unter gesundheitlichen Problemen. Die Magensäureproduktion und der Blutdruck normalisieren sich allmählich.

Wenn Sie in einem Jahr der Ratte geboren sind, sollten Sie mindestens dreimal täglich die drei Punkte auf dem Magenmeridian, die in der folgenden Zeichnung markiert sind, drücken. Beginnen Sie am untersten Punkt und arbeiten Sie sich nach oben vor. Halten Sie den Druck jeweils für sieben bis zwölf Sekunden, aber drücken Sie die Punkte relativ stark (natürlich nicht so stark, daß es schmerzt!). Achten Sie dabei auf die Reaktionen Ihres Körpers.

Das Zeichen des Büffels

In China steht der Büffel für Ruhe und Beständigkeit im Leben. Er verkörpert ein Yin-Symbol, also das passive, empfangende Prinzip. Ein Jahr des Büffels bringt Festigung und inneren Fortschritt in der persönlichen Entwicklung. Die Glückszahl des „Büffels" ist die „2"; seine Farbe ist Rot.

Charakter: Anlagen und Möglichkeiten

An Menschen, die in einem Jahr des Büffels geboren sind, wendet man sich gerne, wenn man einen klugen Rat sucht. Dem ist nicht etwa deshalb so, weil sie wirklich immer ideale Ratgeber wären, sondern gründet vielmehr auf der ruhevollen, gelassenen Ausstrahlung des „Büffels". Einige gute Ratgeberqualitäten hat er ja tatsächlich: Er ist ein ausgesprochen guter Zuhörer, der sich Zeit nimmt und geduldig auf andere eingehen kann.

Geduld ist vielleicht die wichtigste Tugend des Büffel-Geborenen, die seine besten Seiten zum Vorschein bringt und die er unbedingt kultivieren sollte. In unserer immer schnelllebigeren Zeit ist Geduld besonders wertvoll. ,,Mit Geduld kommt man schneller an sein Ziel als mit Eifer'', sagt man in China. Und oft scheint sich diese Redensart zu bewahrheiten, denn wer nicht über Geduld verfügt, macht leichter Fehler, die ihn letztendlich länger aufhalten, als wenn er sich von Anfang an mehr Zeit genommen hätte.

Während die Geduld des ,,Büffels'' bewundert wird, spürt er selbst jedoch, daß sie mitunter in übergroße Duldsamkeit sich selbst gegenüber umschlägt; das heißt, daß der Büffel-Geborene manchmal das Ziel, dem er geduldig entgegengegangen ist, aus den Augen verliert und sich seine Geduld in schlichte Trägheit verwandelt. So wird die große Tugend des ,,Büffels'' manchmal zu seiner größten Gefahr. Wenn die Ruhe zur Trägheit wird, wirkt sich das auch auf alle anderen Eigenschaften des Büffel-Geborenen aus. Er selbst merkt wohl, daß er träge ist, und würde auch gerne etwas dagegen unternehmen − doch im Wesen der Trägheit liegt es ja, daß gerade das aktive Handeln unterdrückt wird. Es ist ein ,,Teufelskreis'': Der Träge will gegen seine Trägheit angehen, aber genau die steht ihm dabei im Wege. Den Ausweg aus diesem Kreis findet der ,,Büffel'', wenn er sich auf seine Grundtugend − die Geduld − besinnt und ganz allmählich, ohne übertriebene Willensanstrengung, Schritt für Schritt geht − und es sollten *kleine* Schritte sein.

Geduld ist jedoch nicht die einzige Tugend des Büffel-Geborenen. Er besitzt außerdem einen Mut, der nichts mit Tollkühnheit zu tun hat. Er ist nicht gerade ein Mensch, der sich kopfüber in Abenteuer stürzt − ganz im Gegenteil: Menschen, die im Zeichen des Büffels geboren wurden, streben meist nach Sicherheit − allerdings eben nicht aus Ängstlichkeit. Der ,,Büffel'' zeigt Mut, wenn es ,,darauf ankommt'', wenn er, seine Familie oder seine Freunde wirklich bedroht sind. Auch dann stürmt er nicht unvermittelt los, sondern geht mit kraftvoller Ruhe ans Werk. Doch wenn es erst einmal so weit kommt, daß der „Büffel" seinen Mut beweisen muß, ist es besser, ihn nicht zum Feind zu haben.

Menschen, die in einem Jahr des Büffels geboren sind, sind im Grunde ihres Herzens eher konventionell — das heißt nicht unbedingt, daß sie „spießig" wären. Sie wägen vielmehr zwischen neuen und alten Werten ab und erkennen dabei, daß nicht alles Alte zu verwerfen ist. Beständigkeit und Ordnung sind den Büffel-Geborenen wichtig. Manchmal schlagen aber auch hier an sich positive Charakterzüge um, so daß aus der Beständigkeit Starrsinn und unüberlegtes Anhaften an Konventionen entsteht. Gerade im Alter wandelt die Beständigkeit des „Büffels" sich nicht selten zur Sturheit. So beharrt er dann oft darauf, daß das Althergebrachte in jedem Fall das Beste sei — ganz gleich, was auch dagegen spricht.

Wenn „Büffel-Geborene" sich etwas in den Kopf gesetzt haben und es mit der ihnen eigenen Durchsetzungskraft verfolgen, haben es andere Menschen meist sehr schwer, dagegen standzuhalten. Deshalb ist es für den „Büffel" wichtig zu erkennen, daß er sich selbst im Weg steht, wenn er seine Kraft nicht überlegt einsetzt und wenn er keine neuen Ideen (anderer Menschen) an sich heranläßt. Dieses Verhalten hängt teilweise auch mit einem gewissen Pessimismus zusammen, zu dem Büffel-Geborene neigen. Es ist dies kein abgrundtiefer, allesvernichtender Pessimismus, aber es besteht eben doch eine pessimistische Tendenz, in der sie sich mitunter verlieren.

Manche Menschen staunen darüber, daß der „Büffel" trotz seiner Ruhe und Beständigkeit doch außerordentlich ideenreich sein kann. Er ist aber gerade *wegen* seiner Geduld einfallsreich und vielfältig. Er braucht etwas Zeit, um Ideen „auszubrüten", aber dafür sind diese dann auch wirklich gut durchdacht.

Zusammenfassend kann man Menschen, die in einem Jahr des Büffels geboren sind, einige sehr gute Eigenschaften zuschreiben, die sie auf ihrem Weg weiterbringen — wenn sie sich davor hüten, der Trägheit und dem Pessimismus zu verfallen.

Der im Zeichen des Büffels Geborene ist ein Genußmensch. Er läßt sich gerne verwöhnen und liebt die ruhige Zweisamkeit. Er ist in der Regel nicht unbedingt ein feuriger Liebhaber – so scheint es zumindest auf den ersten Blick. Büffel-Geborene haben Sinn für Romantik, sie hegen tiefe Gefühle, wobei sie nach der großen Liebe suchen und auch dabei ihre Haupttugend ,,Geduld'' einsetzen – manchmal allerdings so viel Geduld, daß sie darüber alt werden. Büffel-Geborene heiraten meist spät.

Obwohl der ,,Büffel'' – wie gesagt – ein mutiges Herz hat, verläßt ihn dieser Mut bei Liebesangelegenheiten. Die einzige wirkliche Angst, die er kennt, ist die Angst vor Einsamkeit. Wie alle Ängste, so ist auch diese eher hinderlich. Sie führt manchmal dazu, daß Büffel-Geborene sich an Menschen binden, die nicht ihren Bedürfnissen nach romantischer Liebe, nach Ruhe und tiefer Freundschaft entsprechen. Gerade, wenn ,,Büffel'' älter werden und bisher geduldig auf die ,,wahre Liebe'' gewartet haben, geraten sie mitunter in Panik und heiraten letztendlich dann doch – ganz entgegen ihrem eigentlichen Wesen – voreilig und überstürzt. Das ist ein Fehler, vor dem sich Büffel-Geborene unbedingt hüten müssen, denn sie werden meist nicht glücklich damit, und ihre Bindung an Konventionen macht ihnen eine Trennung schwer. (Ein Trost ist immerhin, daß sie durch ihre geduldige Beharrlichkeit im Laufe der Jahre oft doch noch eine tiefe Beziehung zu Menschen aufbauen können, die im Grunde gar nicht so gut zu ihnen passen.) Die Angst vor Einsamkeit kann aber auch etwas ganz Entgegengesetztes bewirken – sie kann nämlich zu einer Angst vor Bindungen führen; nur wer sich gar nicht erst bindet, muß die Erfahrung des Einsamwerdens nicht machen. Natürlich ist dies ein Trugschluß. Wenn sich der ,,Büffel'' darum bemüht, seine Angst vor Einsamkeit zu überwinden, hat er gute Aussichten, nach geduldiger Suche seinen Traumpartner zu finden.

Ratte

Mit ,,Ratten'' kommen Büffel-Geborene meist sehr gut zurecht, denn auch sie sehnen sich nach Liebe und Geborgenheit. Überhaupt ergänzen sich der Ehrgeiz und der Fleiß der ,,Ratte'' und die Beharrlichkeit und Geduld des ,,Büffels'' ideal: Allerdings kann die ,,Ratte'' schon einmal ungeduldig werden, wenn ihr Partner ein allzu träger ,,Büffel'' ist.

Büffel

Zu ihresgleichen fühlen sich Büffel-Geborene oft hingezogen — schließlich suchen beide dasselbe. Das Problem besteht jedoch darin, daß ,,Büffel'' sich gegenseitig in ihrer Ruhe — und eben auch in ihrer Trägheit — bestärken. Sie sind dann zwar nicht mehr einsam, tappen aber gemeinsam in die Falle des Stillstands.

Tiger

Mit ,,Tigern'' verstehen sich ,,Büffel'' ziemlich gut. Wenn ,,Büffel'' sich auf den ersten Blick verlieben, sind es nicht selten ,,Tiger'', die angehimmelt werden. Der ,,Büffel'' liebt die Gefühlstiefe des ,,Tigers''. Probleme gibt es manchmal mit der Treue des ,,Tigers'', aber wenn die Geduld und nicht die Konventionalität beim ,,Büffel'' überwiegt, wird es doch zu einer glücklichen Beziehung kommen.

Hase

Der ,,Hase'' ist für viele Zeichen ein angenehmer Partner — nicht jedoch für den ,,Büffel''. ,,Hasen'' sind im Beziehungsbereich einfach zu experimentierfreudig, und ,,Büffel'' kommen mit Untreue — die sich bei ,,Hasen'' rein auf körperlicher Ebene abspielt — nicht zurecht. Der Hase-Geborene erscheint dem ,,Büffel'' völlig unromantisch und ungeeignet für eine Partnerschaft. Dies mag zwar eine Fehleinschätzung sein, Tatsache ist jedoch, daß „Büffel" sich von „Hasen" meist gar nicht erst angezogen fühlen, und so kommt es auch nicht zu Problemen.

Drache

Für Drachen- und Büffel-Geborene gilt in etwa das gleiche wie für Tiger- und Büffel-Geborene. „Drache" und „Büffel" haben auch das Gefühl der Einsamkeit gemeinsam (allerdings hat der „Drache" keine Angst vor der Einsamkeit), und so fühlen sie sich wie Magneten zueinander hingezogen.

Schlange

Die „Schlange" ist der Traumpartner des „Büffels". Beide haben den gleichen Sinn für Romantik und suchen eine tiefe, beständige Liebe. Die Sehnsucht der Schlange-Geborenen nach Abwechslung muß sich nicht in Untreue ausdrücken, sondern kann auch innerhalb der Partnerschaft gefunden werden. Das ist ideal für den „Büffel": Es reißt ihn aus seiner Lethargie und holt auch seine verborgenen kreativen Kräfte ans Licht.

Pferd

In Menschen, die in einem Jahr des Pferdes geboren sind, verlieben „Büffel" sich schnell, merken aber bald, daß es keine solide Grundlage für eine Beziehung gibt, und ziehen sich dann enttäuscht zurück. Das ist verständlich, wenn man die Eigenschaften der beiden Zeichen vergleicht. Pferde-Geborene sind einfach zu flatterhaft für „Büffel".

Ziege

„Ziegen" sind die denkbar schlechtesten Partner für „Büffel". Dabei ist eigentlich nicht auf den ersten Blick klar, weshalb das so ist, denn „Ziegen" sind liebevoll, zärtlich und verständnisvoll. Doch sie verstärken die Trägheit, zu der der „Büffel" neigt; sie sind einfach *zu* verständnisvoll. Der „Büffel'' braucht jemanden, der ihn mitunter auch ein wenig antreibt.

Affe

,,Affe'' und ,,Büffel'' bilden ein sehr ungleiches Paar. Auf intellektueller Ebene ergänzen sie sich ganz gut, aber in allem, was Gefühle betrifft, leben sie einfach in verschiedenen Welten und somit aneinander vorbei. Hier stößt der ,,Büffel'' trotz seiner Geduld an eine schwer überwindbare Grenze.

Huhn

Auch Huhn- und Büffel-Geborene sind sehr verschieden. Allerdings wirkt sich dies hier meist positiv aus. Insbesondere dann, wenn der Mann in einem Jahr des Büffels und die Frau in einem Jahr des Huhns geboren wurde, hilft die Stärke der Frau dem Mann, seine Trägheit zu überwinden. Ist hingegen der Mann im Zeichen des Huhns und die Frau in dem des Büffels geboren, leben sich die beiden wahrscheinlich mit der Zeit auseinander.

Hund

Hund- und Büffel-Geborene fühlen sich oft auf Anhieb wie ,,ein Herz und eine Seele''. Sie suchen beide nach Treue und einer festen Bindung und können dies jeweils vom Partner erhalten. Eine Beziehung zwischen ,,Hund'' und ,,Büffel'' verläuft meist äußerst harmonisch; es besteht lediglich die Gefahr, daß Probleme ,,unter den Tisch gekehrt'' werden.

Schwein

Mit dem Schwein-Geborenen verbindet den ,,Büffel'' nicht viel. Ein Problem, das banal erscheint, das aber im Laufe der Zeit meist zu vielen Streitigkeiten führt, ist die Ordnung: Während der Büffel-Geborene überaus ordentlich ist, kann der Mensch des Zeichens Schwein einfach keine Ordnung halten.

Im Beruf ist der Büffel-Geborene gefragt, wenn es darum geht, Dinge in die richtige Ordnung zu bringen. Wenn er die Organisation eines Betriebes in die Hand nimmt, kann man in der Regel davon ausgehen, daß alles seine Richtigkeit hat, daß die Finanzen geregelt sind und die Zukunft gesichert ist.

Innovationen sind allerdings nicht gerade die Stärke des ,,Büffels''. Neuerungen sind ihm — wenn er nicht über seinen eigenen Schatten springt — zunächst eher unheimlich. Wenn ein ,,Büffel'' jedoch mit einem Zeichen zusammenarbeitet, dessen Stärken mehr im kreativen Bereich liegen, sind die Voraussetzungen für geschäftliches Gelingen erfüllt.

Das soll nun keineswegs heißen, daß Büffel-Geborene nicht kreativ wären. Dieser erste Eindruck entsteht oft nur, weil sie nicht mit revolutionären Neuerungen aufwarten. Doch sie bewähren sich, wenn es darum geht, Althergebrachtes mit Geduld langsam zum Besseren zu verändern. Auf lange Sicht gleicht der ,,Büffel'' sein langsameres Tempo durch tiefergehende Veränderungen aus, die dann doch wieder sanften Revolutionen gleichkommen. Der griechische Philosoph Platon ist ein gutes Beispiel für einen Büffel-Geborenen: Er war sicherlich kein stürmischer Revolutionär, doch seine Ideen beeinflussen die gesamte westliche Kultur bis auf den heutigen Tag.

,,Büffel'' können auch große Künstler sein. Ihre Stärke und Originalität wird leider oft erst nach ihrem Tod wirklich geschätzt. Es gelingt ihnen, Altem neue Formen zu geben, so daß es zunächst nicht als ,,revolutionär'' erscheint. Büffel-Geborene, die Künstler sind, werden meist zu Lebzeiten unterschätzt.

Insgesamt kann man sagen, daß Büffel-Geborene sehr selbständige Menschen sind, die aufgrund ihrer Geduld und Zuverlässigkeit in höchsten Positionen ihr Bestes leisten können — allerdings nicht unbedingt an solchen Stellen, wo es darauf ankommt, mit Charisma und Einfühlungsvermögen Menschen zu leiten. ,,Büffel'' arbeiten zwar gerne im Team, brauchen aber eine klar abgegrenzte, selbstverantwortliche Tätigkeit, um sich wohlzufühlen.

Menschen, die in einem Jahr des Büffels geboren sind, vollbringen in der Politik oft Großes — allerdings kann ihre Sturheit auch zu Problemen, wenn nicht zu Katastrophen führen (Hitler war ein ,,Büffel''!).

Geld

Büffel-Geborene haben ein durch und durch realistisches Verhältnis zum Geld. Sie neigen weder zu Geiz noch zur Verschwendung. Im privaten Bereich kann der ordentliche und geregelte Umgang mit den Finanzen manchmal zu Reibereien führen, denn der ,,Büffel'' tendiert dazu, Geldangelegenheiten mit absoluter Exaktheit zu regeln, auch in Bereichen, in denen es unangemessen ist: Muß denn die Haushaltskasse der Familie wirklich verwaltet werden wie die Finanzen eines Unternehmens?

Menschen, die in einem Jahr des Büffels geboren sind, sollten sich jedoch nicht auf Aktienspekulationen oder andere unsichere Geldgeschäfte einlassen. Sie werden immer ein unsicheres Gefühl haben, wenn sie finanzielle Risiken eingehen — und dies ist keine gute Basis für ein Gelingen. Wenn es allerdings darum geht, Vermögen zu erhalten und allmählich zu vermehren, sitzen ,,Büffel'' an der richtigen Stelle. Sie haben die Geduld und durch ihre Ruhe auch die Übersicht über langfristige Entwicklungen und verstehen es gut, finanzielle Einbrüche in schlechten Zeiten durch vorsorgende Maßnahmen aufzufangen.

Wenn Büffel-Geborene Schulden haben, fühlen sie sich meist sehr unwohl und werden alles daransetzen, diese zu begleichen. Dabei werden sie jedoch von einer gewissen Ängstlichkeit getrieben, die kein guter Ratgeber ist. Letztendlich werden ,,Büffel'' allerdings — wenn sie nicht auf äußerst ungünstige Einflüsse stoßen — doch für eine sichere finanzielle Basis sorgen, die ihnen die Behaglichkeit und die Genüsse verschafft, die sie im geheimen so sehr lieben.

Wie gesagt, ist die Geduld *die* Tugend des ,,Büffels''. Darüber sollte er sich im klaren sein und versuchen, diese zu entwickeln und zu pflegen. Dabei ist es ratsam, sich immer wieder die Grenze zwischen Ruhe und Geduld auf der einen sowie Trägheit und Resignation auf der anderen Seite klarzumachen.

Wenn es dem Büffel-Geborenen gelingt, seinen unterbewußten Pessimismus zu kontrollieren und ihn durch einen gemäßigten Optimismus zu ersetzen, wird er sich wesentlich leichter tun, die Dinge, die er erreichen will, durchzusetzen.

Im persönlichen Bereich steht dem ,,Büffel'' hauptsächlich seine Angst, allein in der Welt zu stehen, im Weg. Diese Angst ist sicherlich unbegründet; der Büffel zieht durch seine Ruhe und innere Kraft immer wieder Menschen an, die ihn dafür bewundern. ,,Büffel'' sollten auch dies bewußt erkennen und sich allmählich von ihren Minderwertigkeitskomplexen befreien.

Daß ,,Büffel'' dem Althergebrachten verhaftet sind, ist bis zu einem gewissen Grad auch gut so. Doch wenn es ihnen gelingt, sich in angemessener Weise Neuem zu öffnen, werden sie ihre Möglichkeiten vervielfältigen.

Gute und schlechte Jahre

Für Büffel-Geborene erweisen sich die Jahre unter den Zeichen des Tigers, des Hundes oder des Schweines als günstig. In diesen Jahren entwickelt sich beinahe alles gut — es existieren aber selbst hier Schwachpunkte: Wenn es in der Liebe, im Beruf und im finanziellen Bereich stimmt und wenn auch die Gesundheit unter positiven Einflüssen steht, so wird mitunter die seelische Entwicklung ein wenig vernachlässigt.

Jahre, die im Zeichen der Schlange, des Pferdes oder der Ziege stehen, stellen für ,,Büffel'' meistens recht mühsame Jahre dar; es scheint nicht alles so reibungslos zu laufen wie sonst. Aber keine Sorge — die Jahre des Hundes, des Schweines und der Ratte, in denen alles Negative wieder mehr als ausgeglichen wird, kehren wieder!

Jahre des Affen wirken sich für Büffel-Geborene eher mittelmäßig aus; doch nach den anstrengenden Jahren des Pferdes und der Ziege bieten sie dem „Büffel" die Chance, seine seelische Entwicklung voranzubringen.

Berühmte Persönlichkeiten

Es wurde bereits angesprochen, daß Menschen, die unter dem Zeichen des Büffels geboren sind, das Neue im Alten finden und entwickeln und dabei stille Revolutionen in Gang bringen. Sehr gut demonstriert das der große Musiker Johann Sebastian Bach. Bei seiner Geburt waren das Element Holz und der Monat des Tigers aktiv: Das Holz förderte noch das schöpferische, kreative Element, während der Geburtsmonat des Tigers die gefühlsmäßige Tiefe der Musik Bachs erklärt.

Auch andere berühmte Künstler wie der Schriftsteller und Nobelpreisträger Hermann Hesse oder die Maler Renoir und Vincent van Gogh waren Büffel-Geborene. Einige bekannte Schauspieler sind „Büffel": Tony Curtis, Peter Sellers und Charlie Chaplin. Der Erfinder der Mickey Mouse, Walt Disney, war ebenfalls „Büffel".

Die Politiker unter den Büffel-Geborenen fallen durch ihre große weltpolitische Bedeutung auf: Willi Brandt, Karl der Große und der legendäre Richard Löwenherz beispielsweise — allerdings auch der unmenschliche Diktator Adolf Hitler.

Gesundheit

„Büffel" verfügen meist über eine relativ stabile Gesundheit. Lediglich im Bereich der Atmung herrschen bei ihnen manchmal Defizite. So leiden sie häufiger als andere Menschen unter Asthma, Schnupfen und Erkältungen. Wenn es Büffel-Geborenen gelingt, ihre Atmung zu verbessern (beispielsweise

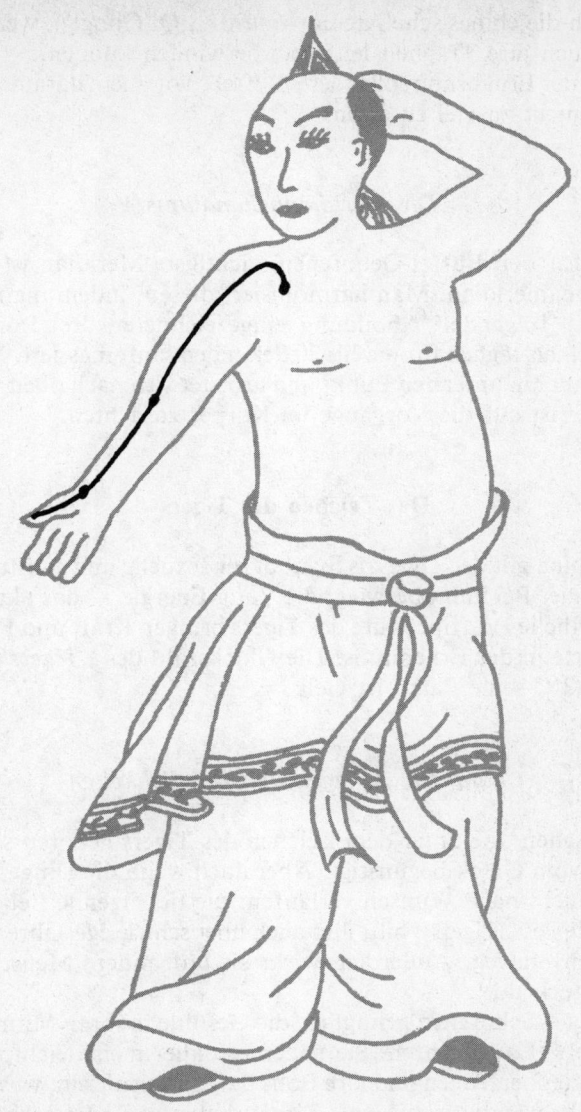

Abb. 2: Lungenmeridian

e chinesische Atemgymnastik „Qi Gong"), werden
ihre Trägheit leichter überwinden können.

Ernährung sollte der „Büffel" vor allem darauf achten, nicht zu viel zu essen.

Die Meridianbehandlung

Der für den Büffel-Geborenen wichtigste Meridian ist der
Lungenmeridian. Man harmonisiert diesen, indem man die
in der folgenden Abbildung eingezeichneten drei Punkte
mehrmals täglich für jeweils 20 Sekunden sanft massiert. Man
beginnt am untersten Punkt und arbeitet sich nach oben vor.
Dabei ist auf die Vorgänge im Körper zu achten.

Das Zeichen des Tigers

In China gilt der Tiger als Symbol für sexuelle und spirituelle
Energie. Bei ihm überwiegt die Yang-Energie – das aktive,
männliche Prinzip. Jahre des Tigers bringen Kraft und Fortschritte in der Erkenntnis. Die Glückszahl des „Tigers" ist
die „3", seine Farbe ist Gelb.

Charakter: Anlagen und Möglichkeiten

Menschen, die unter dem Zeichen des Tigers geboren sind,
sind vom Glück begünstigt. Aber auch wenn die Dinge einmal nicht nach Wunsch verlaufen: die tiefsitzende Lebensfreude des „Tigers" hilft ihm auch über schwierige Jahre und
Krisen hinweg. Außerdem wirkt sie auf andere Menschen
„ansteckend".

Tiger-Geborenen gelingt es, die Gefühle in ihren Mitmenschen tief anzurühren. Sie haben es daher meist leicht, andere zu überzeugen und ihre Botschaft zu vermitteln, was für
sie sehr wichtig ist. Denn „Tiger" haben viele Botschaften
mitzuteilen – seien es religiöse, künstlerische oder humani-

stische – sie wollen die Welt zum Besseren verändern. Dieses Ziel prägt nicht selten das ganze Leben des „Tigers". Und das ist auch gut so, denn damit folgt er seinem innersten Wesen. Zu Fanatismus neigen Tiger-Geborene dennoch nicht – wenn auch im eigenen Leben mitunter zum Extremen.

Problematisch wird es für „Tiger", wenn sie nicht ihrer Berufung folgen, wenn sie ihre Kraft auf Nebensächliches und rein Materielles lenken. Dann werden sie zu Verführern und Täuschern oder zu geschwätzigen Weltverbesserern, ohne ein wirklich durchdachtes Ziel vor Augen zu haben, und leben ihre Eitelkeiten aus; denn eitel sind „Tiger" eigentlich fast immer. Oft wissen sie auch darum und versuchen es zu verbergen. Nicht selten schwingen Tiger-Geborene „am Stammtisch" große Parolen, ohne wirklich etwas zu bewegen.

Die Stärken der Menschen, die im Jahre des Tigers geboren sind, heißen Warmherzigkeit und Feingefühl. Sie wünschen sich oft, daß die ganze Welt so fühlt wie sie, daß alle Menschen friedlich und liebevoll miteinander umgehen. Dies liegt aber nun – wie wir alle wissen – leider in weiter Ferne und ist nicht sehr realistisch. Natürlich weiß der „Tiger" das auch selbst. Doch seine Warmherzigkeit kann im Kleinen bereits viel verändern – nur ist der Tiger-Geborene damit oft nicht zufrieden. Manchmal wird der Drang, die eigene Botschaft und Berufung auch wirklich zu leben und etwas – wenn auch nur wenig – zu bewegen, so übermächtig, daß sich der „Tiger" von der Welt abwendet. Nicht selten gibt er sich dann der Religion hin; einige Heilige des Christentums und der Begründer des Islam waren Tiger-Geborene – und auch Buddha soll ein „Tiger" gewesen sein.

Ob die Weltfremdheit dem „Tiger" guttut, ist ungewiß. Die Weisen und Heiligen unter ihnen haben sicherlich ihren Weg gefunden – aber gilt das auch für den „durchschnittlichen" „Tiger"? Im Zeichen des Tigers geboren zu sein macht aus einem Menschen noch keinen Heiligen. Manchmal neigen „Tiger" daher zu Mystizismus und fallen auf Scharlatane, selbsternannte Meister und Täuscher herein (gar nicht einmal so selten sind das andere „Tiger") Sie sollten sich nicht zu sehr von den Ideen anderer gefangennehmen lassen, sondern mehr auf ihre eigene innere Stimme hören. Allerdings sollten sie ihr nicht blindlings folgen, sondern sich auch einmal ruhig hinsetzen und *nicht ausschließlich* „mit dem Herzen denken". „Tiger" sollten einfach bedenken, daß es auch noch andere Stimmen gibt, die ihre Bedeutung haben. Das fällt ihnen jedoch nicht leicht, und sie müssen sich Ruhe und Gelassenheit mühsam erarbeiten.

„Tiger" sind dynamisch und kraftvoll, was ihnen dabei hilft, ihre Ziele zu verwirklichen. Die Kehrseite dieses Charakterzugs ist, daß sie ruhelos, nervös und gestreßt sind, wenn einmal Zeiten des Stillstands eintreten. In solchen Situationen werden „Tiger" unberechenbar, und ihr warmherziges Wesen wird von Unrast und Ungeduld überdeckt. Ein Tiger-Geborener, der sich langweilt, dessen Bewegungsfreiheit − beispielsweise im Krankheitsfall − eingeschränkt ist, entwickelt große Kräfte, die sich dann häufig auf unvorhersehbarem Weg Ausdruck verschaffen.

Ein Charakterzug des Tiger-Geborenen, der oft in positiver Art und Weise zum Tragen kommt, ist sein Wagemut. Wenn er sich seiner Berufung gewiß ist, läßt der „Tiger" sich nicht leicht von Konventionen und Traditionen binden, sondern geht unbeirrt seinen Weg − wobei es ihm meist gelingt, dies so zu tun, daß ihn die Menschen lieben. Dieser Aspekt des Unkonventionellen gehört zum „Tiger"; wenn er durch die Erziehung unterdrückt wird, kann sich die Persönlichkeit nicht voll entfalten. Andererseits muß der Tiger-Geborene aber darauf achten, daß er durch seine häufige Mißachtung der Sitten nicht in Schwierigkeiten gerät − doch meist schafft er dies mit Hilfe seines Feingefühls im Umgang mit den Mitmenschen.

Liebe und Gefühle

Es ist unmöglich, über das Liebesleben der Tiger-Geborenen etwas Eindeutiges zu sagen, denn sie schwanken zwischen zwei Extremen: Einmal sind sie sinnlich, lustvoll und abenteuerlustig, dann wiederum wollen sie das Sinnlich-Sexuelle ganz aus ihrem Leben ausschließen, um sich einem spirituellen Dasein zu widmen. Dieser Weg ist für den „Tiger" nicht der schlechteste, aber selbstverständlich ist er nicht für jeden gangbar; es müssen auch noch andere günstige Faktoren hinzukommen.

Wenn Menschen, die im Jahre des Tigers geboren sind, sich der körperlichen Liebe hingeben, sind sie meist wunderbare Liebhaber. Ihre Sinnlichkeit und ihre tiefen Gefühle machen sie zunächst für die meisten Menschen begehrenswert. Allerdings geschieht es dann nicht selten, daß sie andere verletzen, ohne es zu wollen — ja, sie leiden meist selbst sehr darunter. Doch „Tiger" sind eben ziemlich triebhaft und suchen das sinnliche Abenteuer. Vollkommen treu zu bleiben fällt ihnen einigermaßen schwer, was für manche anderen Zeichen eine Schwierigkeit, wenn nicht sogar ein Hindernis für eine tiefere Bindung darstellt. Ganz besonders Affen-, aber auch Ratten-Geborene geraten in wahre Gefühlsstürme, die ihnen großen seelischen Schaden zufügen können, wenn sie sich auf eine Liebesbeziehung mit einem „Tiger" einlassen.

Auch für die Tiger-Geborenen selbst stellt ihre Abenteuerlust ein Problem dar, denn eigentlich wollen sie sich tief auf andere Menschen einlassen. Wenn es ihnen gelingt, ihre spirituelle Veranlagung auf die Beziehungsebene zu übertragen, wird es oft eine sehr glückliche Verbindung für beide Seiten. Insbesondere der sonst eher etwas oberflächliche Pferd-Geborene profitiert von einer Verbindung mit einem Tiger-Geborenen.

Die Beziehungen zu den anderen Zeichen

Ratte

Mit Menschen, die unter dem Zeichen der Ratte geboren sind, haben „Tiger" — wie bereits erwähnt — Probleme. Insbesondere die Untreue des „Tigers" führt zu Schwierigkeiten. Beide Zeichen streben zwar einem Ziel zu, doch gehen sie es von verschiedenen Seiten aus an und können deshalb den Standpunkt des anderen nicht verstehen. Wenn beide darum wissen und sich um Verständnis bemühen, kann jedoch Liebe wachsen.

Büffel

Zu ,,Büffeln'' haben ,,Tiger'' ein gutes Verhältnis. Sie ergänzen sich in mancherlei Hinsicht. Die Ruhe und Geduld des ,,Büffels'' holen die ,,Tiger'' auf den Boden der Tatsachen zurück, und dem ,,Büffel'' gelingt es mit Hilfe eines liebevollen ,,Tiger-Partners'' leichter, seine Tendenz zur Trägheit zu überwinden.

Tiger

Mit anderen ,,Tigern'' haben Tiger-Geborene Schwierigkeiten, wenn sie nicht beide die gleiche oder zumindest eine sich ergänzende Berufung fühlen. Dann funktioniert eine solche Partnerschaft ideal — doch leider kommt ein solch glückliches Zusammentreffen recht selten zustande.

Hase

Hasen- und Tiger-Geborene vertragen sich ausgezeichnet. Sie leben eine tiefe Beziehung, in der dennoch jeder frei ist. Beide neigen zu Seitensprüngen, aber das bereitet in einer solchen offenen und doch tiefgehenden Beziehung meistens keine allzu großen Probleme. Wenn doch, dann hat eher der ,,Tiger'' Probleme mit der Untreue des ,,Hasen'', und zwar dann, wenn er in der Liebe eine spirituelle Kraft sieht, die er nicht mit anderen teilen möchte.

Drache

,,Drachen'' und ,,Tiger'' sind beides sehr starke Zeichen. Doch diese Stärke führt zu Reibereien, bei denen sich beide aufarbeiten, ohne zum Ziel zu gelangen. Nur in ungewöhnlichen Glücksfällen — wenn die Bestrebungen sich nahezu decken — können ,,Tiger'' und ,,Drache'' eine befriedigende, harmonische Partnerschaft erleben.

Schlange

Mit den Schlange-Geborenen verstehen sich Tiger-Geborene fast immer gut. In der Liebe haben beide sehr ähnliche Vorstellungen: wild, abenteuerlich und mit tiefen Gefühlen. Deshalb gibt es bei ,,Schlangen'' und ,,Tigern'' erstaunlicherweise auch selten Probleme mit der Treue, obgleich beide Zeichen eigentlich zur Untreue neigen. In der Beziehung ,,Schlange-Tiger'' finden jedoch beide das Abenteuer im Partner.

Pferd

Die Verbindung zwischen Pferd- und Tiger-Geborenen stellt eine sehr günstige Konstellation dar, in der beide jeweils ihre besten Eigenschaften zum Vorschein bringen. Menschen des Zeichens ,,Pferd'' lenken die spirituelle Energie des Tiger-Geborenen auf das Weltliche und ermöglichen ihm dadurch, noch leichter in der Welt etwas zu bewegen.

Ziege

,,Ziegen'' sind ,,Tigern'' zu brav. Sie sind einfach zu realistisch, und der ,,Tiger'' glaubt schnell, daß die ,,Ziege'' zu tiefen spirituellen Erfahrungen nicht fähig ist (worin er sich täuscht). Meistens ,,funkt'' es zwischen den beiden Zeichen nicht.

Affe

Affe- und Tiger-Geborene bilden die ungünstigste Kombination. Das intellektuelle Forschen des ,,Affen'' ist dem ,,Tiger'' eher fremd. Er vermißt dagegen das Gefühl — womit er dem weitverbreiteten Irrtum zum Opfer fällt, daß intellektuelle Menschen weniger Gefühle hätten. Von der Seite des ,,Affen'' spielt seine Eifersucht eine große Rolle. Die offensichtliche sexuelle Abenteuerlust des „Tigers" stößt ihn meist ab, auch wenn er den „Tiger" insgeheim bewundert.

Huhn

Mit der Verbindung „Huhn-Tiger" verhält es sich ähnlich. Das Kritische des Huhn-Geborenen irritiert den „Tiger", der es gewohnt ist, auf seine innere Stimme zu hören — über die wiederum das „Huhn" sich schnell lustig macht.

Hund

„Hund" und „Tiger" verstehen sich gut. Der „Tiger" liebt die Warmherzigkeit des „Hundes" und umgekehrt. Er liebt auch dessen Treue. Damit gehen allerdings mitunter Probleme einher, denn auch dem Hund ist Treue des Partners nicht unwichtig. Meist verläuft die Beziehung „Hund-Tiger" jedoch letztendlich glücklich.

Schwein

Mit Menschen, die im Jahre des Schweins geboren sind, kommen „Tiger" ebenfalls gut zurecht. Zwar sind sie recht bodenständig, aber ihre Suche nach Wahrheit trifft fast immer eine Ader beim „Tiger".

Beruf

Menschen, die unter dem Zeichen des Tigers geboren wurden, sind im Beruf meist erfolgreich. Voraussetzung dafür ist allerdings, daß sie ihre Fähigkeiten einsetzen können. Ihre Vorstellungskraft und Intuition sollten gefordert sein. Deshalb sind „Tiger" oft in künstlerischen Berufen gut aufgehoben. Es sollte jedoch kein Beruf sein, in dem sie still und abgeschieden für sich arbeiten; der Maler, der sich allein in seinem Atelier der Kunst widmet, oder der Komponist, der konzentriert an seinem Flügel Symphonien schreibt, sind Künstlerpersönlichkeiten, die dem „Tiger" *nicht* entsprechen.

Wohl könnte er auch in diesen Bereichen Großes erreichen, doch ohne den Umgang mit Menschen wird er nicht glücklich. Tiger-Geborene sind dagegen gute Schauspieler – Schauspieler, die den guten Seiten im Menschen Ausdruck verleihen, wie beispielsweise Heinz Rühmann. Auch als Ensemblemusiker, Regisseure oder Bühnenbildner eignen sich „Tiger" gut. Alltäglichere passende Berufe sind Friseur, Visagist oder Innenarchitekt.

„Tiger" besitzen Charisma, und auch das sollte im Beruf zur Geltung gebracht werden; wenn es darauf ankommt, Menschen durch eine wirkliche Führungspersönlichkeit zu motivieren, sind sie am richtigen Platz. Am vorteilhaftesten für die seelische Entwicklung des „Tigers" sind Berufe, in denen er seine Persönlichkeit ganz ausspielen kann: als Prediger, als Fernsehmoderator oder als Politiker.

Tiger-Geborene fühlen sich als untergeordnete Angestellte selten glücklich. Die Sicherheit, die eine feste Anstellung mit sich bringt, bedeutet ihnen im Grunde ihres Herzens wenig. Immer wieder haben sie das Gefühl, unterfordert, eigentlich nicht am richtigen Platz und letztendlich gegen ihren Willen in diese Position gedrängt worden zu sein, beispielsweise von den Eltern. Es fällt ihnen wirklich nicht leicht, sich mit einer solchen Stellung zu identifizieren. Eine Möglichkeit für den „Tiger", eine ihm eigentlich nicht angemessene Position zufrieden auszufüllen, besteht jedoch darin, die einfache, dienende Tätigkeit als spirituelle Übung anzusehen.

Meist tun „Tiger" jedoch gut daran, sich selbständig zu machen. Sie verfügen über alle Grundvoraussetzungen: Sie können mit Menschen gut umgehen, sie besitzen eine gewisse Risikobereitschaft, eine gute Intuition und nicht zuletzt auch die gewisse Portion Glück.

Geld

Tiger-Geborene haben eigentlich kein rechtes Verhältnis zum Geld. Es ist für sie Nebensache, es bedeutet ihnen nicht wirklich etwas. Dennoch kommen sie selten in Geldschwierigkeiten; intuitiv treffen sie auch im finanziellen Bereich meist die richtige Entscheidung. Natürlich spielt dabei das ,,unverschämte'' Glück, das ihnen oft beschieden ist, eine Rolle. ,,Tiger'' — soviel steht fest — sind keine geborenen Buchhalter. Es fehlt ihnen der notwendige Ernst für den systematischen Umgang mit Geld. Sie selbst haben damit keine Probleme, aber andere können manchmal graue Haare bekommen.

Nun — wenn es tatsächlich so wäre, daß Tiger *immer* Glück in finanziellen Dingen hätten, sollte man ihnen angemessenerweise empfehlen, Spieler zu werden. Doch das Glück kann man — auch als ,,Tiger'' — nicht einfangen und fesseln. Deshalb muß man ihnen sogar sehr davon abraten, sich auf Glücksspiele oder regelmäßige Spekulationsgeschäfte einzulassen. Gerade das Glück kann dem ,,Tiger'' hier zum Verhängnis werden: Nach den ersten Gewinnen stellen sich leicht ein gewisser Übermut und blindes Vertrauen in das eigene Glück ein, und darauf folgt dann schnell ein großer Verlust, der alles wieder zunichte macht. Am besten fahren ,,Tiger'', wenn sie sich darüber klarwerden, daß sie keine gefühlsmäßige Beziehung zu Geld haben, und sich darüber freuen, daß sie von Geldgier, Geiz und Arbeitssucht verschont bleiben.

Die Entwicklung

Der Tiger-Geborene hat die Chance, durch seine intuitive und spirituelle Kraft seine persönliche Entwicklung in eine wirklich erfüllende Richtung zu lenken. Er muß dazu nicht zum Heiligen oder Asketen werden, sondern lediglich versuchen, Spiritualität im Alltag zu verwirklichen. Die Berufung, die in jedem ,,Tiger'' schlummert, sollte auf irgendeine Art und Weise ihren Ausdruck finden. Schlecht ist es, wenn er seine Kraft auf Nebensächliches oder die eigene Eitelkeit richtet. ,,Tiger'' profitieren im geistigen Bereich sehr davon, sich auf andere Menschen einzulassen, ihnen zuzuhören und zu helfen.

Gute und schlechte Jahre

Am glücklichsten verlaufen für den Tiger-Geborenen die Jahre des Hasen und der Ratte. Auch Jahre, die unter dem Zeichen des Huhns stehen, bringen ihm großen Nutzen – weniger im materiellen und im Beziehungsbereich (auch wenn dort alles im großen und ganzen in Ordnung ist), sondern vor allem im Spirituellen. In Jahren des Huhns entdecken ,,Tiger'' oft ihre Berufung.

Auf den beruflichen und finanziellen Bereich dagegen wirken sich die Jahre des Schweins am günstigsten aus. In diesen tut sich dafür auf geistiger Ebene nur wenig; vielleicht verlaufen dazu die Jahre des Schweins in allen anderen Bereichen schon fast *zu* gut.

Die Jahre des Affen bringen ,,Tigern'' in der Regel keine großen Fortschritte. In dieser Zeit tun sie gut daran, das Bestehende zu festigen, statt sich auf neue Projekte zu stürzen.

Berühmte Persönlichkeiten

Ein Tiger-Geborener wurde schon angesprochen: Heinz Rühmann. Er ist im wesentlichen ein typischer Vertreter dieses Zeichens. Er hatte meist Glück im Leben, kam trotz einiger wilder Spekulationen auch finanziell gesehen gut davon und zeigte als Künstler die typische, ans Herz gehende seelische Wärme des Tiger-Geborenen. Andere Künstler, die ebenfalls ,,Tiger'' waren und große Ausstrahlung bewiesen, waren Ludwig van Beethoven und Marylin Monroe.

Die spirituelle Seite des ,,Tigers'' zeigte sich beispielsweise in dem Propheten Mohammed, in der Heiligen Hildegard von Bingen oder in Franziskus von Assisi.

Auch Queen Elizabeth II. und Charles de Gaulle wurden unter dem Zeichen des Tigers geboren.

Typische Probleme von Tiger-Geborenen sind Gelenks- und Rückenschmerzen sowie Schwierigkeiten mit der Verdauung. Vor allem dann, wenn sie ihrer Bestimmung nicht folgen, baut sich Frustration auf, die sich schließlich auch körperlich manifestiert.

Ein anderer Aspekt, der oft eine Rolle spielt, wenn ,,Tiger'' krank werden, ist, daß sie gerne über geringere Schmerzen oder Unausgewogenheiten hinwegsehen. Gerade was die Probleme am Bewegungsapparat angeht, sollte der ,,Tiger'' aber einsehen, daß Ignorieren die Verfassung letztendlich nur verschlimmert.

,,Tiger'' sollten in bezug auf die Ernährung besonders darauf achten, daß sie genügend Flüssigkeit (kein Alkohol, versteht sich!) aufnehmen und viel Milch oder Milchprodukte zu sich nehmen. Fisch ist ihnen meist weniger zuträglich.

Die Meridianbehandlung

Der Gallenblasenmeridian ist der für Tiger-Geborene besonders wichtige Meridian. Sein Energiestrom sollte beim ,,Tiger'' ausgeglichen werden, damit er sich wirklich wohlfühlt. Besonders die Verdauungsprobleme werden dann schnell verschwinden; für die Schwierigkeiten mit dem Bewegungsapparat ist etwas mehr Geduld und vor allem eine ruhigere Gangart nötig. ,,Tiger'' sollten mindestens dreimal täglich die fünf in der folgenden Abbildung eingezeichneten Punkte auf dem Meridian drücken. Man arbeitet von unten nach oben und drückt jeden Punkt ca. 15 Sekunden lang kraftvoll, wobei man auf die Reaktionen des Körpers achten soll.

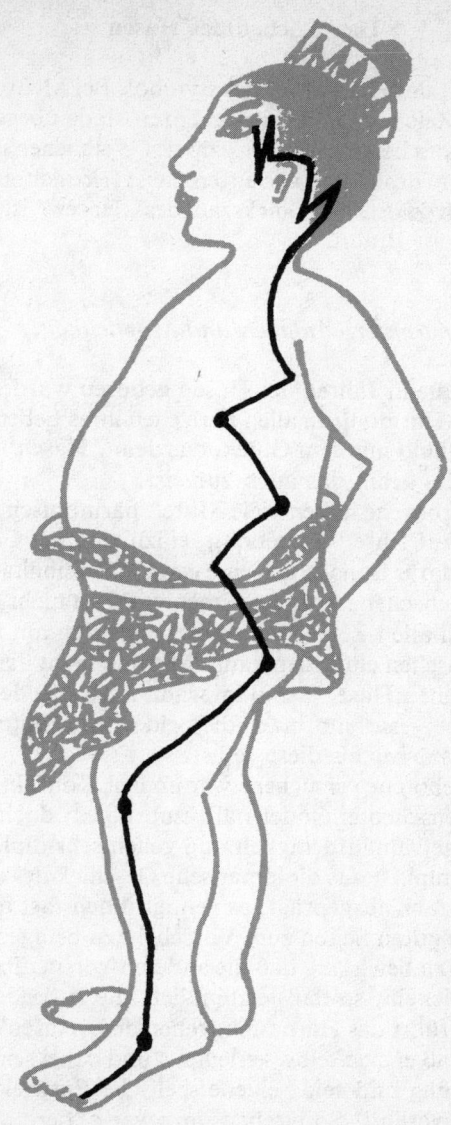

Abb. 3: Gallenblasenmeridian

Das Zeichen des Hasen

In China gilt der Hase als Glückssymbol. Bei Menschen, die unter dem Zeichen des Hasen geboren sind, überwiegt die Yin-Energie, es herrscht das Prinzip des Weiblichen und Nährenden. Jahre des Hasen verlaufen meist friedlich, und Konflikte werden gelöst. Die Glückszahl des „Hasen" ist die „6", seine Farbe ist Braun.

Charakter: Anlagen und Möglichkeiten

Menschen, die in Jahren des Hasen geboren wurden, trachten danach, Harmonie in allen Bereichen ihres Lebens zu verwirklichen. Und mit dem Glück, das dem „Hasen" beschieden ist, gelingt ihm das auch zumeist.

Hasen-Geborene haben viele Mittel, harmonisch und ausgleichend auf ihre Umgebung einzuwirken. Grundvoraussetzung dafür ist natürlich eine gewisse Sensibilität im Umgang mit Menschen, woran es ihnen wirklich nicht mangelt: Sie sind von allen Zeichen dasjenige, das sich am besten in andere Menschen einfühlen kann. Mitunter geht das beinahe schon zu weit: „Hasen" sind im wahrsten Sinne des Wortes „mit-leidig" – sie empfinden die Leiden ihrer Mitmenschen manchmal stärker als diese selbst.

Hasen-Geborene versuchen zwar immer, Konflikte zu glätten und Menschen einander näherzubringen; doch sie bleiben dabei stets unaufdringlich und gehen sehr diplomatisch vor. Überhaupt ist das diplomatische Geschick des „Hasen" meist sehr stark ausgeprägt, es gelingt ihnen fast immer, in anderen die guten Seiten zum Vorschein zu bringen, zu vermitteln und zu bewirken, daß die anderen Verständnis füreinander entwickeln, so daß letztendlich alle zufrieden sind.

Dagegen führt das Harmoniestreben des „Hasen" manchmal dazu, daß er sich selbst verleugnet und dabei seine Selbstverwirklichung und seine eigene seelische Entwicklung aus den Augen verliert. So erleben ihn zwar andere Menschen häufig als ausgeglichen und harmonisch; er selbst jedoch leidet unter großen inneren Konflikten und Spannungen. ,,Hasen'' sollten — bei aller Nächstenliebe — darauf achten, sich selbst nicht zu vernachlässigen. Das heißt nicht, daß sie egoistisch werden sollten. Aber auch anderen Menschen kann man besser und effektiver beistehen, wenn man mit sich selbst im reinen ist und auch auf seine eigenen Bedürfnisse achtet.

Menschen, die in Jahren des Hasen geboren wurden, sind oft überdurchschnittlich intelligent. Es ist nicht unbedingt die technisch-mathematische Intelligenz, die in psychologischen Tests gemessen wird, sondern eine Intelligenz, die sich im Alltag praktisch zeigt; eine Art ,,soziale Intelligenz''. Sie haben sehr wertvolle Anlagen, und hinter nahezu jedem Hasen-Geborenen steckt ein Mensch mit einem großen Herzen, in dem vieles Platz hat. Sie sind gerne unter Menschen und haben deshalb nicht selten eine große Familie, der sie sich sehr verbunden fühlen.

Die Liebe, die Hasen-Geborene aufbringen, geht über die Liebe zu seinen Mitmenschen hinaus: Er empfindet meist auch eine große Liebe zur Natur. Er fühlt, daß er ein Teil davon, von dem großen Ganzen ist. In der heutigen Zeit, da unsere natürliche Umwelt vernichtet wird, in der die Meere vergiftet, die Luft verpestet, Tierarten ausgerottet und Wälder gerodet werden, wird die Naturverbundenheit des ,,Hasen'' manchmal zur Quelle tiefen Kummers. Er neigt eigentlich nicht dazu, in Depressionen zu verfallen, doch die Zerstörung der Natur trifft sein Herz. Eine Möglichkeit, diesem Schmerz zu begegnen, ist für den Hasen-Geborenen die Kunst. Er ist eigentlich immer in irgendeinem künstlerischen Bereich begabt und tut gut daran, sich kreativ zu betätigen; es gehört zu seinem Wesen und bildet den Ausgleich, den er innerlich benötigt.

Wenn das im Grunde Positive des ,,Hasen'' ins Negative umschlägt, sieht dies meist so aus, daß die guten Eigenschaften durch Übertreibung unglaubhaft und affektiert wirken. Die Großzügigkeit des ,,Hasen'' ufert dann in Verschwendung aus, und andere Menschen gewinnen so leicht den Eindruck, er wolle ihre Liebe erkaufen. Auch die Sensibilität, der Familiensinn und die Freundlichkeit des ,,Hasen'' können sich durch Übersteigerung manchmal ins Negative verwandeln.

Doch im wesentlichen stellt der Hase ein Glückssymbol dar – nicht nur für andere; auch in seiner eigenen Entwicklung ist er meist glücklich, wenn er seine angeborene Intelligenz einsetzt, um sich selbst zu erkennen. Das hilft ihm dabei, Vorurteile – auch solche, die seine eigene Person angehen – schnell zu erkennen und aufzugeben.

Ein ,,Hase'', dem es gelingt, sich nicht ausschließlich auf andere, sondern auch auf sich selbst zu konzentrieren, verkörpert eines der glücklichsten Zeichen.

Liebe und Gefühle

Hasen-Geborene sind Menschen, mit denen eigentlich fast jeder gut auskommen kann – wenn es auch Zeichen gibt, denen das immer Ausgleichende, Harmonische an ihnen auf die Nerven geht, beispielsweise Menschen, die unter dem Zeichen des Huhns geboren wurden. Allerdings würden vielleicht gerade diese von den Eigenschaften des ,,Hasen'' profitieren – aber darüber zu spekulieren ist natürlich müßig, wo doch Liebe nicht aus logischen Erwägungen heraus entsteht. Doch diesen Satz muß man für den ,,Hasen'' gleich wieder ein wenig einschränken: Sie sind nämlich gut beraten, wenn sie sich nicht nur Gefühle, sondern auch Gedanken darüber machen, ob ein bestimmter Partner wirklich zu ihnen paßt. Hasen-Geborene wirken harmonisch und ausgleichend; doch leider tendieren sie oft dazu, Menschen *gleichmachen* zu wollen. Es gelingt ihnen ja tatsächlich häufig *auszugleichen*, doch können auch sie die grundsätzliche Verschiedenheit, die zwischen Menschen glücklicherweise besteht (es wäre doch traurig, wenn alle Menschen gleich wären), nicht aufheben.

Hasen-Geborenen gelingt es oft, auch eine Beziehung, die unter weniger günstigen Vorzeichen steht, angenehm zu gestalten, doch beide Partner werden dabei einen Teil ihrer selbst aufgeben müssen, und ihre seelische Entwicklung wird behindert werden. Oft wünschen sie sich eine große, glückliche Familie (am liebsten sähen sie es, wenn alle Menschen und die Natur eine große glückliche Familie wären), und sie sind auch als Eltern sehr liebevoll.

Im sexuellen Bereich ist der Hasen-Geborene ein großer Genießer. Er kennt auch hier keine Vorurteile und ist offen für neue Erfahrungen. Eigentlich ist er nicht untreu — wenn er von seinem Partner genug Liebe, Zuwendung und nicht zuletzt auch Sex bekommt.

Die Beziehungen zu den anderen Zeichen

Ratte

,,Ratten'' und ,,Hasen'' bilden eine recht gute Konstellation. Beide verstehen sich in der Regel ohne Probleme, und die ,,Ratte'', die ihre Gefühle meist etwas unterdrückt, profitiert sehr von der gefühlvollen Art des ,,Hasen''.

Büffel

Zu Büffel-Geborenen haben Hasen-Geborene kein besonders gutes Verhältnis (aber es liegt — wie gesagt — im Charakter des ,,Hasen'', so etwas ,,schönzureden''). Woran das liegen mag, ist ein wenig unklar. Es sind wohl nicht die großen Unterschiede zwischen beiden Zeichen, sondern eher die kleinen Differenzen in vielen Aspekten.

Tiger

,,Hasen'' und ,,Tiger'' verstehen sich ausgezeichnet. Sie leben eine tiefe Beziehung, in der dennoch jeder frei ist. Beide neigen vielleicht ein wenig zu Seitensprüngen, aber das stört die Harmonie nicht. Für die seelische Entwicklung des ,,Hasen'' ist der ,,Tiger'' auch sehr förderlich.

Hase

Natürlich verstehen sich Hasen-Geborene mit anderen Menschen dieses Zeichens. Doch eine Partnerschaft verläuft meist äußerst öde und führt im Laufe der Jahre zu Frustrationen. Ständige Ausgeglichenheit und Harmonie sind letztendlich wohl doch nicht so befriedigend.

Drache

,,Drachen'' sind Partner, die sehr gut zu Hasen-Geborenen passen. Und umgekehrt wirkt sich eine solche Verbindung auch sehr glücklich für den ,,Drachen'' aus. Dem ,,Hasen'' gelingt es, die Distanz, die der ,,Drache'' oft zu anderen Menschen hat, zu überwinden. Wenn sich die beiden Glückszeichen treffen, was ist da schon zu erwarten? Glück natürlich!

Schlange

Mit der ,,Schlange'' haben Hasen-Geborene meist Probleme. Das Rätselhafte und Kontrollierte der ,,Schlange'' macht ihnen zu schaffen. Sie fühlen sich irritiert, weil es ihnen nicht gelingt, sich in Schlangen-Geborene einzufühlen − ein relativ ungewohntes Gefühl für den ,,Hasen''.

Pferd

Mit Menschen, die in Jahren des Pferdes geboren sind, kommen ,,Hasen'' gut aus. Beide verlieben sich meist schnell ineinander, und obwohl die Freunde es zunächst nicht glauben wollen, hält die Beziehung auch. Der Pferd-Geborene bringt den Hasen-Geborenen dazu, ein bißchen mehr an sich selbst zu denken, und der ,,Hase'' wirkt der Egozentrik des ,,Pferdes'' etwas entgegen, so daß sich hier das Ausgleichende als außerordentlich positiv erweist.

Ziege

,,Ziegen'' sind die optimalen Partner für ,,Hasen''. Und zwar vor allem deshalb, weil sie eine solche Beziehung locker an-

gehen können und nicht nach Harmonie suchen müssen —
sie ist einfach da: aber nicht die übersteigerte Harmonie, die
entsteht, wenn zwei ,,Hasen'' aufeinandertreffen, sondern
eine echte, nicht gewollte, sondern vollkommen natürliche
Harmonie.

Affe

,,Affe'' und ,,Hase'' — was soll man dazu sagen? Diese Konstellation fällt immer wieder anders aus, je nach den Bedingungen, die sonst noch vorliegen. Eine Partnerschaft zwischen
den beiden Zeichen kann ebenso glücklich wie unglücklich
verlaufen.

Huhn

,,Huhn'' und ,,Hase'' stellt die wohl unglücklichste Verbindung dar. Während die Egozentrik des ,,Pferdes'' dem ,,Ha-
sen'' sogar guttut, ist die ichbezogene Exzentrik des ,,Huhns''
einfach zuviel für das Harmoniebedürfnis des ,,Hasen''.

Hund

Hund- und Hasen-Geborene führen meist eine sehr unproblematische Partnerschaft — allerdings eine Partnerschaft
ohne seelische Weiterentwicklung. Beide bleiben stehen. Was
sie schließlich doch sehr verbinden kann, ist der Familiensinn, der ihnen gemeinsam ist.

Schwein

Mit Menschen, die unter dem Zeichen des Schweins geboren
sind, ist der Hasen-Geborene in der Regel sehr glücklich.
Ähnlich wie bei ,,Hase-Ziege'' besteht auch in der Beziehungskonstellation ,,Hase-Schwein'' eine natürliche, ungekünstelte und selbstverständliche Harmonie, die keines Ausgleichs bedarf. So gelingt es dem ,,Hasen'' in einer solchen
Partnerschaft auch, sich selbst zu verwirklichen.

Menschen, die unter dem Zeichen des Hasen geboren wurden, haben alle Voraussetzungen, etwas Großes zu schaffen. Das heißt nicht immer, daß es von allen anderen auch als solches erkannt wird. ,,Hasen'' sind nicht selten die ,,Helden des Alltags''. Dennoch sind sie in Berufen gut aufgehoben, in denen alle Möglichkeiten nach oben offenstehen. Sie müssen sich in ihrem Beruf frei fühlen, um ihre Potentiale zu verwirklichen. Wenn ,,Hasen'' sehr weisungsgebunden arbeiten, werden sie ihre Energie in anderen Bereichen einsetzen und im Beruf eher unbefriedigt sein. Sie sind aber in jedem Fall angenehme Kollegen. Ihr diplomatisches Geschick im Umgang mit Menschen, ihre Sensibilität und ihr Familiensinn, der sich eben auch auf die ,,Familie Firma'' erstreckt, schafft ein angenehmes Klima. Überhaupt brauchen Hasen-Geborene den Umgang mit anderen.

Wirklich unglücklich sind ,,Hasen'' in Berufen, in denen sie für sich arbeiten, aber dennoch weisungsgebunden sind. Ideale Berufe für sie sind Rechtsanwalt oder Richter (,,Hasen'' sind besser als die meisten anderen Menschen in der Lage, Dinge vorurteilslos zu betrachten), Gärtner oder Förster (die Einsamkeit, die manchmal mit diesen Berufen in Verbindung gebracht wird, trifft für den ,,Hasen'' nicht zu: die ganze Natur ist ihm Gesellschaft) und alle Heilberufe. ,,Hasen'' sind auch gute Wissenschaftler; weniger der Typ des einsamen Forschers als der des Leiters eines Teams. Sie stellen einen guten Beweis dafür, daß sich Logik und Forscherdrang auf der einen Seite sowie Phantasie und Gefühle auf der anderen Seite nicht nur *nicht ausschließen*, sondern sich sogar wunderbar ergänzen können. Ein Wissenschaftler ohne Phantasie wird es nie zu etwas Großem bringen. Hasen-Geborene, die in die Politik gehen, sind meist ziemlich beliebt; doch aufgrund ihrer Kompromißbereitschaft gelingt es ihnen nur selten, in höchste Ämter zu gelangen. Wenn dies doch einmal vorkommt, stellt es einen Segen für das Volk dar.

Im Grunde seines Herzens ist der ,,Hase'' jedoch eine Künstlernatur. Auch hier gehorcht er nicht dem Klischee vom

Künstler; seine Sache ist nicht das Irrationale, ausschließlich Intuitive, sondern er geht — soweit man das in der Kunst sagen kann — „systematisch" vor. Deshalb sind Hasen-Geborene auch selten von moderner Kunst begeistert, bei der es mehr um den Ausdruck als um die genaue und dabei doch die Gefühle ansprechende Ausführung geht.

„Hasen" tun sich als Selbständige meist leicht. Da sie sich im Umgang mit Menschen nicht schwertun, ist es für sie noch einfacher, wenn sie einen Partner haben, dem das Geschäftliche mehr liegt. „Drachen" sind in jedem Fall gute Geschäftspartner für den „Hasen" — vor allem, weil es bei den beiden auch vom Zwischenmenschlichen her paßt.

Geld

Menschen, die im Jahr des Hasen geboren sind, können mit Geld einigermaßen umgehen. Doch Finanzjongleure und Buchhalter sind sie nicht gerade. Sie wissen, daß Geld für vieles praktisch und notwendig ist, doch sie finden, daß es Wichtigeres gibt. Wenn es um die privaten finanziellen Angelegenheiten geht, ist der Hasen-Geborene nicht sonderlich engagiert. Er kommt gut zurecht, aber langfristige finanzielle Planungen sind nicht sein Metier.

Anders sieht es aus, wenn er die Geldangelegenheiten einer Firma oder eines Vereins verwalten muß. Er wird sich darum in der Regel nicht gerade reißen und nie besonders glücklich damit sein. Doch wenn er eine solche Aufgabe erst einmal übernommen hat, erfüllt er sie einwandfrei. Da es den „Hasen" jedoch wirklich Mühe und Energie kostet, sich allzusehr mit finanziellen Dingen zu befassen, ist es eigentlich Verschwendung, ihn im Finanzbereich einzusetzen. In einer anderen Position könnte er viel mehr leisten.

Sicherlich spielt das Glück des „Hasen" auch eine Rolle bei seinen finanziellen Transaktionen. Manche Unsicherheit und sogar mancher Fehler wird durch das naturgegebene Glück des „Hasen" ausgeglichen — solange er es nicht überstrapaziert. Es gilt auch hier, was ich bereits in bezug auf den

„Tiger" gesagt habe: Das Glück kann man nicht einfangen und festbinden. Auch der Hasen-Geborene, der mitten in einer „Glückssträhne" steckt, wäre schlecht beraten, wenn er versuchte, sein Glück im Spiel einzusetzen. Das Glück kommt nur dann, wenn man *nicht* daran denkt.

Die Entwicklung

Dem Hasen-Geborenen sind wunderbare seelische Entwicklungsmöglichkeiten in die Wiege gelegt: seine Sensibilität, seine Aufgeschlossenheit, seine Vorurteilslosigkeit und seine Phantasie sind die Tugenden, die er leicht in sich entfalten kann. Nur seine manchmal überzogene Selbstlosigkeit steht ihm dabei im Wege. Manchmal glauben Menschen, die sich einem geistigen Weg hingeben, daß Selbstlosigkeit dafür Voraussetzung sei. Waren nicht auch Buddha und Jesus selbstlose Menschen? Ja, natürlich − doch hier liegt ein Mißverständnis vor: Wer Selbst-los − also *ohne Selbst* ist, kann dieses Selbst auch nicht entwickeln und *dann* zur wahrhaften Selbstlosigkeit gelangen. Selbstlosigkeit ist das *Ergebnis*, nicht der Weg.

Hasen tun gut daran, sich immer wieder klarzumachen, daß sie anderen besser helfen können, wenn sie auch für sich selbst gut sorgen.

Gute und schlechte Jahre

Die Jahre des Drachen, der Schlange und des Büffels sind besonders günstig für Hasen-Geborene − hier gelingt ihnen alles Berufliche wie auch jede private Angelegenheit mühelos. Auch seine seelische Entwicklung geht in diesen Jahren schneller voran als in anderen. In den Jahren der Ratte laufen die Dinge ebenfalls ganz besonders gut, doch der seelischen Entwicklung sind sie meist eher abträglich.

In den anderen Jahren finden sich „Hasen" eigentlich immer ziemlich gut zurecht; nur die Jahre des Huhns werden manchmal etwas anstrengend für sie — doch dafür sind sie der seelischen Entwicklung ganz besonders förderlich.

Wenn es um den beruflichen Bereich geht, so sollten Hasen-Geborene in den Jahren des Pferdes verstärkt Anstrengungen unternehmen, wenn sie schnell weiterkommen wollen.

Berühmte Persönlichkeiten

Berühmte Künstler, die in Jahren des Hasen (geboren wurden) waren Friedrich Schiller, Clara Schumann, Albrecht Dürer und Walt Whitman. Auch der Schauspieler Cary Grant gehört dazu. In ihm zeigen sich sehr gut die typischen Eigenschaften des „Hasen": Sensibilität und diplomatisches Geschick. Dabei spielt sicher auch sein Geburtsmonat, der unter dem Zeichen der Ratte stand, eine Rolle.

Die Wissenschaftler und Nobelpreisträger Albert Einstein und Marie Curie zeigen die Verbindung von Phantasie, Logik und Forscherdrang, die dem „Hasen" eigen ist.

Auch Queen Victoria war eine Hasen-Geborene. Typisch ist, daß sie im Monat des Drachen (der Machtaspekt) und unter dem Einfluß des Erd-Elements (das für Beständigkeit steht) geboren wurde.

Gesundheit

Charakteristische Probleme des Hasen-Geborenen sind Erschöpfungszustände, Schlafprobleme und Herzklopfen. Vieles nimmt er sich „zu Herzen", und das macht sich dann mitunter in Beschwerden bemerkbar. Auch im Gesundheitsbereich zeigt sich, daß „Hasen" gut daran täten, sich ein wenig mehr auf sich selbst als ausschließlich auf andere Menschen zu konzentrieren.

Die Schlafprobleme des „Hasen" sind möglicherweise am bedeutsamsten. Wenig oder gestörter Schlaf hat nicht nur Müdigkeit und Unkonzentriertheit zur Folge, sondern kann sich auf den gesamten Organismus, auf Körper, Geist und Seele auswirken.

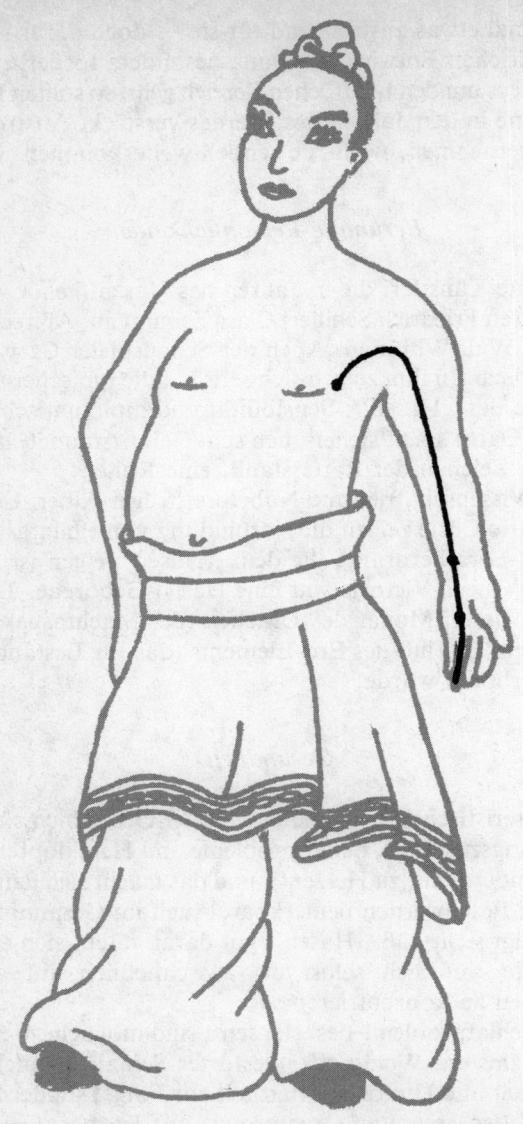

Abb. 4: Herz-Kreislaufmeridian

Mit der Ernährung haben Hasen-Geborene in der Regel wenig Schwierigkeiten; sie sollten nur darauf achten, abends nicht zu viel und nicht zu fett zu essen, da auch dies Schlafprobleme verursacht.

Die Meridianbehandlung

Der Meridian des „Hasen" ist der Herz-Kreislaufmeridian. Wenn Sie unter dem Zeichen des Hasen geboren sind, harmonisieren sie ihn, indem Sie die in der Abbildung bezeichneten vier Punkte mehrmals täglich für jeweils 30 Sekunden saft massieren. Beginnen Sie dabei am untersten Punkt und arbeiten Sie sich nach oben vor. Achten Sie auf die Vorgänge in Ihrem Körper.

Das Zeichen des Drachen

In China spielt der Drache seit undenklichen Zeiten eine wichtige Rolle als das stärkste Glückssymbol und das Symbol der Macht. Bei ihm überwiegt die Yang-Energie; der Drache ist das Sinnbild des männlichen Prinzips. Ein Jahr der Drachen bringt oft Veränderungen, die sich später als glücklich herausstellen, auch wenn das nicht sofort erkannt wird. Die Glückszahl des Drachen-Geborenen ist die magische Zahl „7"; seine Farben sind Gold und Jade.

Charakter: Anlagen und Möglichkeiten

Das Leben derjenigen, die unter dem Zeichen des Drachen geboren sind, ist von ihrer Beziehung zur Macht geprägt. Sie haben nicht selten große Ausstrahlungskraft auf andere Menschen; dieses Charisma nimmt im Laufe der Jahre zu. Als Kinder, Jugendliche und junge Erwachsene sind „Drachen" mitunter durchaus auch einmal „graue Mäuse" – „Dracheneier" sagt man in China: Irgendwann in ihrem Leben kommt dann eine Wende, die die Kraft des Drachen-Zeichens an die Oberfläche bringt – nur: *Wann* diese Wende geschieht, ist kaum vorhersagbar; der „Drache" kann schon im Kindesalter „aus dem Ei schlüpfen", aber es kommt auch vor, daß Drachen-Geborene sich erst im Alter ihrer Bestimmung bewußt werden.

Daß der Zeitpunkt dieser Wende nicht vorhersagbar ist, heißt nicht, daß sie zufällig stattfände. „Drachen" sind in der Regel ein wenig einzelgängerisch und introvertiert. Wenn äußere Ereignisse – beispielsweise der frühe Tod der Eltern – diese nach innen gewandte Tendenz verstärken, kann das ein Grund dafür sein, daß von der großen Energie des „Drachen" für Außenstehende nicht viel zu spüren ist.

Drachen-Geborene müssen nicht mit dem Einsatz ihres Willens an ihrer seelischen Entwicklung arbeiten; die Innenschau und Selbsterkenntnis fällt ihnen leicht. Wenn sich bei ihnen jedoch diese Aspekte verstärken, werden sie nicht glücklicher – ganz im Gegenteil.

„Ein trauriger Drache speit kein Feuer", heißt es. Aber Drachen-Geborene neigen eigentlich nicht zur Traurigkeit; nur wenn Ereignisse eintreten, die sich ihrer Kontrolle entziehen – wie Naturkatastrophen, Kriege oder der Tod nahestehender Menschen –, sind Drachen sehr betroffen, da sie Unglück nicht gewohnt sind und es als überaus qualvoll empfinden, ihre eigene Ohnmacht zu spüren. Auch das ist natürlich eine Folge des im Inneren eines jeden „Drachen" schlummernden Machtbewußtseins. Sinnvoll ist es für ihn, sich selbst im Handeln zu verwirklichen. Er braucht Herausforderungen, damit sich sein großes Potential entfalten kann.

Bei Drachen-Geborenen kommen einige Faktoren zusammen, die Erfolg fast unausweichlich erscheinen lassen. Man ist nur selten darüber erstaunt, wenn sie es zu etwas großem bringen; man *erwartet* es geradezu. „Drachen" haben eine außergewöhnlich gute Intuition, starke innere Energie, sind originell und vielseitig – was will man mehr? Was andere Menschen oft nicht so sehr merken, weil sie die Ausstrahlung des „Drachen" blendet, ist, daß er immer eine gewisse Distanz zu anderen wahrt. Den Drachen-Geborenen selbst ist das oft bewußt, und sie zweifeln dann daran, ob sie wirklich auf dem richtigen Weg sind.

Diese Zweifel sind auch berechtigt; denn die Distanziertheit des „Drachen" beruht auf einem gewissen Unverständnis für seine Mitmenschen. Dies ist nicht etwa Ausdruck emotionaler Kälte, sondern eher der Besonderheit des „Drachen", derer er sich nur allzu bewußt ist. Die Distanz zu anderen Menschen ist auch der Punkt, an dem der Drachen-Geborene an sich arbeiten sollte. Das Problem dabei ist die Motivation; zwar erlebt er seine Distanz zu anderen als negativ, doch die Bewunderung seiner Mitmenschen läßt ihn glauben, daß diese Distanziertheit nicht wirklich an ihm liegt. Nicht der Rückzug in sich selbst, das Nachgrübeln über mögliche eigene Fehler und Schwächen bringt den „Drachen" hier weiter, sondern viel eher der aktive, liebevolle Umgang mit Menschen.

„Drachen" führen oft Neuerungen ein. Meist sind diese zwar nicht weltbewegend, jedoch in ihrem Umkreis durchaus bedeutsam. Aber auch im großen Rahmen führt ihre stetig fließende schöpferische Kraft oft zu Innovationen. „Drachen" neigen auch dazu, gegen Konventionen zu verstoßen — was sich später meist als völlig berechtigt und sinnvoll erweist, dem „Drachen" jedoch zunächst einige Schwierigkeiten einträgt. Etwas mehr Bemühen um Diplomatie würde ihm hier guttun.

Wenn Drachen-Geborene ihre Ausstrahlungskraft auf andere Menschen mit dem Bemühen um Verständnis für sie und ein wenig Diplomatie verbinden können, stehen ihnen alle Wege offen.

Liebe und Gefühle

„Drachen" sind — wie gesagt — von Natur aus Einzelgänger. Andererseits bekommen gerade ihnen Beziehungen zu anderen gut. Drachen-Geborenen ist das meist auch — zumindest unterbewußt — klar, und deshalb tendieren sie dazu, sich früh an einen anderen Menschen zu binden. Meist erweist sich das als Fehler, und zwar nicht so sehr aufgrund der frühen Bindung an sich, sondern weil kaum einem anderen Zeichen der Partner so wichtig ist. Menschen, die sich früh binden, haben logischerweise nicht so viel Zeit gehabt, andere kennenzulernen, und somit ist auch die Wahrscheinlichkeit geringer, daß sie auf den Richtigen oder die Richtige gestoßen sind.

Die Tendenz zur frühen Bindung wirft auch ein etwas negatives Licht auf die Einstellung der Drachen-Geborenen zu anderen Menschen: Viele von ihnen halten andere Menschen für austauschbar; überspitzt könnte man es so formulieren: „Drachen" binden sich früh, weil sie meinen, daß es ohnehin gleichgültig sei, wen sie als Partner wählen. Ganz so extrem ist es natürlich nicht — Drachen-Geborene *wissen*, daß nicht alle Menschen gleich sind; doch sie fühlen eben anders und müssen erst Nähe zu anderen Menschen aufbauen. „Drum prüfe, wer sich ewig bindet" — für kein Zeichen gilt das in dem Maße wie für den Drachen!

Drachen-Geborene besitzen bezeichnenderweise einen ganz klaren Familiensinn. Auch dies ist ein Hinweis auf ihre Beziehung zur Macht. Die Familie stellt ein kleines System dar, in dem der „Drache" seine Macht beweisen kann. Allerdings ist „Macht" hier nicht negativ gemeint — sie darf nicht mit Gewalt verwechselt werden. Drachen-Geborene sind sehr liebevolle Väter, Mütter und Partner. Sie sind stets darum bemüht, das Beste für alle Familienmitglieder zu erreichen — allerdings wollen schon sie diejenigen sein, die die Familie lenken. Und sie brauchen Bewunderung. Deshalb ist es für „Drachen" wichtig, den passenden Partner zu haben, an dessen Seite es nicht zu Konflikten kommt.

Die Beziehungen zu den anderen Zeichen

Ratte

„Ratte-Drache" stellt meist eine gute Verbindung dar. Vom Ratte-Geborenen bekommt der „Drache" die Bewunderung, die er braucht. Beide Zeichen tendieren dazu, ihre Gefühle zu verbergen; wenn sie diese Schwierigkeiten überwinden, können sie geradezu ein Traumpaar werden.

Büffel

„Drache" und „Büffel" haben das Gefühl der Einsamkeit gemeinsam (allerdings hat der „Drache" keine Angst vor der Einsamkeit), und so fühlen sie sich wie Magneten zueinander hingezogen. Das Tiefsinnige und Romantische des „Büffels" zieht den „Drachen" an. Schwierig wird es dann, wenn der „Büffel" gegen den „Drachen" etwas durchsetzen will.

Tiger

Drachen- und Tiger-Geborene scheinen auf den ersten Blick sehr gut zueinander zu passen. Beides sind sehr starke Zeichen – doch diese Stärke wird zum Problem. Es ist nicht so, daß sie keine Kompromisse schließen *wollen* – sie *können* es nicht.

Hase

Menschen, die in Jahren des Drachen geboren sind, verstehen sich sehr gut mit Hasen-Geborenen. „Hasen" gelingt es meist, die Distanz, die der „Drache" oft zu anderen aufbaut, zu überwinden. Wie bei den meisten Zeichen ist aber auch bei dieser Verbindung nur dann eine glückliche Partnerschaft zu erwarten, wenn die Beziehung *bewußt* gelebt wird.

Drache

Eine Beziehung zwischen zwei Drachen-Geborenen – das *muß* Probleme geben. Zwei gleichermaßen machtbewußte Persönlichkeiten werden in einer Partnerschaft wohl schnell aneinander geraten.

Schlange

Mit Menschen des Zeichens Schlange kommen Drachen-Geborene relativ gut aus. Auch Schlangen haben eine Beziehung zur Macht, wirken aber lieber im Hintergrund. In dieser Hinsicht ergänzen sich die beiden recht gut. Allerdings fördert die „Schlange" die Introvertiertheit des „Drachen".

Pferd

Mit „Pferden" haben „Drachen" meist große Schwierigkeiten. Pferde-Geborene stellen sich gern in den Vordergrund und stehlen dem „Drachen" (glaubt er) die Show. Er ist nur selten in der Lage, die positiven Seiten des „Pferdes" zu erkennen. Statt dessen sieht er nur dessen Ich-Bezogenheit, die ihn abstößt. (Vielleicht erinnert sie ihn unterbewußt an die eigene Egozentrik?)

Ziege

Menschen, die in Jahren der Ziege geboren sind, geben sicher nicht die schlechtesten Partner für „Drachen" ab. Sie sind in der Regel sehr einfühlsame Menschen, und es kann ihnen gelingen, den „Drachen" aus seiner „Distanziertheit" zu lösen. Voraussetzung dafür ist, daß der „Drache" der „Ziege" wirklich vertraut.

Affe

Der Drachen-Geborene ist immer wieder für Überraschungen gut. Eine davon ist die Tatsache, daß Menschen des Zeichens „Affe" die Idealpartner für „Drachen" sind. Vielleicht ist es gerade die Unterschiedlichkeit, die sie zueinander hinzieht?

Huhn

Insbesondere die Taktlosigkeit der Huhn-Geborenen stellt in einer Beziehung mit Drachen-Geborenen ein großes Problem dar. Ebenso ihre Kritiklust; denn *wenn* der „Drache" etwas schlecht vertragen kann, ist es — auch wenn er das *nie* zeigen würde — Kritik. Mit den häufigen Gefühlsschwankungen des „Huhns" kann der „Drache" ebenfalls selten gut umgehen.

Hund

Der ,,Hund" ist wohl für ,,Drachen" der am wenigsten geeignete Partner. Das Fatale dabei ist, daß sich beide Zeichen zunächst oft zueinander hingezogen fühlen. Beide suchen nach einer festen Bindung – und schon ist es um sie geschehen ...

Schwein

Mit Schwein-Geborenen haben Drachen-Geborene keine Probleme – einfach deshalb, weil sie ihn meist gar nicht erst interessieren. Umgekehrt trifft das zwar nicht immer zu, aber der ,,Drache" geht nur selten darauf ein.

Beruf

Es kommt relativ selten vor, daß Drachen-Geborene beruflich erfolglos bleiben. Ob sie in ihrem Beruf *glücklich* werden, ist allerdings eine andere Frage. Bei ,,Drachen" kommt es noch mehr als bei anderen Zeichen darauf an, daß sie ihre Qualitäten auch beruflich einsetzen können. Typische ,,Drachen-Berufe" sind Lehrer (an höheren Schulen, Universitäten oder in der Erwachsenenbildung; weniger an Grund-, Haupt- und Realschulen), Politiker, Arzt (vor allem Psychiater, Neurologen, Anästhesisten oder Radiologen; am besten in eigener Praxis) und Schriftsteller. Auch als Leiter handwerklicher Betriebe eignen sie sich gut.

Prinzipiell ist der Drachen-Geborene ein Einzelkämpfer. Er braucht Freiheit und Ruhe, um Wege zu finden, seine originellen Ideen in die Praxis umzusetzen. ,,Drachen" können sich optimal entfalten, wenn sie eine Position innehaben, in der es ihnen nicht allzu schwergemacht wird, Neuerungen einzuführen. In sehr konservativen Bereichen, in denen kaum Veränderungen möglich sind, wird sich der ,,Drache" unwohl fühlen, gelegentlich auch für Unruhe sorgen. Um seine Aktivitäten akzeptieren zu können, ist es vielleicht gut zu wissen, daß sich Veränderungen, die von Drachen-Geborenen ausgehen, in den allermeisten Fällen zum Positiven wenden, auch wenn es in der Anfangsphase vielleicht nicht danach aussieht.

Ein großes Plus des Drachen-Geborenen im Beruflichen ist sicherlich seine Vielseitigkeit. Es ist ihm egal (nun, vielleicht nicht ganz egal, aber jedenfalls weniger wichtig), *was* er tut − bedeutsamer für ihn ist, *wie* er es durchführen kann. Obgleich er am besten in der Lage ist, sein Höchstmaß an Leistung zu erbringen, wenn er für sich alleine arbeitet, sollte ihm auch eine gewisse Weisungsbefugnis zugestanden werden, denn er braucht das Gefühl der Macht. Man kann jedoch sicher sein, daß er seine Macht nicht mißbrauchen wird, sondern zum Besten aller einsetzt. Die meisten Menschen haben auch keine Probleme, sich von einem ,,Drachen" führen zu lassen, da sein Charisma sie mitreißt. (Eine Ausnahme bilden dabei natürlich andere ,,Drachen".)

Aus all dem geht eines deutlich hervor: Drachen-Geborene sind als Selbständige am zufriedensten. Als solche können sie alles verwirklichen, was in ihnen steckt: Energie, Machtbewußtsein, Charisma und auch ihre Risikobereitschaft, die vom Glück des ,,Drachen" getragen wird.

Geld

Menschen, die unter dem Zeichen des Drachen geboren sind, sind in aller Regel finanziell erfolgreich. Sie sind bereit, gewisse Risiken einzugehen, denn sie wissen, daß nur dann Erfolge möglich sind. Sie gehen mit ihrem Glück richtig um: Sie setzen es nämlich gar nicht bewußt ein, sondern lassen es einfach wirken. Sie wissen, daß sie auch in finanziellen Dingen meist Glück haben, aber sie nehmen es als zusätzliches Geschenk und verfallen nicht dem Glauben, sie hätten das Glück gepachtet und könnten die Hände in den Schoß legen.

Bei Drachen-Geborenen kommt alles zusammen, was zum finanziellen Erfolg nötig ist: Glück, Intuition, eine angemessene Risikobereitschaft und auch die Stärke, sich von Geld nicht verführen zu lassen. Geld ist für den ,,Drachen" nur ein Symbol für Macht. Wenn er als Politiker oder geistiger Führer direkt über Macht verfügt, wird ihm Geld völlig unwichtig (was aber nichts daran ändert, daß er diesbezüglich ein glückliches Händchen hat).

Drachen-Geborenen vertraut man gerne sein Geld an; sie erwecken für gewöhnlich Vertrauen – und dieses wird auch kaum enttäuscht.

Eines nur ist für den ,,Drachen'' hinsichtlich des Geldes problematisch. Als Symbol der Macht gewinnt es für ihn manchmal zu sehr an Bedeutung, so daß er seine seelische Entwicklung und sein Wohlbefinden aus den Augen verliert. Geld (als Machtinstrument) wird dann durch aufreibende Arbeit verdient, angehäuft und gehortet, ohne noch den eigentlichen Sinn und Zweck der Tätigkeit zu verfolgen. Das *Verdienen* von Geld ist für den ,,Drachen'' viel wichtiger als dessen *Besitz*. Er sollte sich selbst gegenüber daher öfter einmal Rechenschaft darüber ablegen, was ihm Geld wirklich bedeutet.

Die Entwicklung

Drachen-Geborenen steht eigentlich nur ein Problem bei ihrer persönlichen Entwicklung im Weg: ihre Distanz zu anderen Menschen, die mitunter Züge der Überheblichkeit annehmen kann. ,,Drachen'' sollten versuchen, anderen Menschen näherzukommen, sie zu verstehen und mit ihnen zu fühlen. Dann werden sich ihnen weite Bereiche auftun, in denen sie sich verwirklichen können.

Menschen, die in Jahren des Drachen geboren sind, haben keine Angst vor der Einsamkeit; sie wird jedoch zum Problem für sie selbst und für ihre Mitmenschen, wenn sie älter werden. Überhaupt haben sie Schwierigkeiten mit dem Älterwerden, wenn sie sich nicht rechtzeitig darauf einstellen. Wenn ,,Drachen'' Einzelgänger bleiben oder den falschen Partner gewählt haben und wenn dann noch der Rückzug aus dem Arbeitsleben erfolgt und sie sich noch keine Gedanken über ,,das danach'' gemacht haben, werden sie nicht selten depressiv.

Insgesamt gesehen – das muß betont werden – haben Drachen die besten Möglichkeiten, sich zu entwickeln, wenn sie ihre Energie und Intuition auch in zwischenmenschlichen Beziehungen einsetzen.

Gute und schlechte Jahre

Für Drachen-Geborene gibt es im Verlauf der Jahre nicht so große Unterschiede wie bei manchen anderen Tierzeichen. Dennoch kann man sagen, daß die Jahre der Glückszeichen „Tiger", „Hase" und natürlich „Drache" noch positiver verlaufen als die anderen.

Für die seelische Entwicklung des „Drachen" erweisen sich die Jahre der Ziege am günstigsten; für die berufliche Entwicklung die Jahre des Affen; für alle Bereiche außer der seelischen Entwicklung die Jahre des Tigers, und für die Liebesbeziehungen sind es die Jahre des Drachen.

Nur die Jahre des Schweins verlaufen für Drachen-Geborene verhältnismäßig holprig. Das Jahr, das sich für den „Drachen" insgesamt als am günstigsten herausstellt, ist das Jahr des Hasen; wichtige, lebensbestimmende Entscheidungen werden hier am besten getroffen.

Berühmte Persönlichkeiten

Die Ungewöhnlichkeit der „Drachen" läßt sich auch an den berühmten Menschen, die unter diesem Zeichen geboren sind, feststellen. Sehr viele Künstler, vor allem Schriftsteller, sind darunter. Besonders hervorzuheben sind hier Novalis, G. B. Shaw und Lewis Caroll, der Autor von „Alice im Wunderland". Alle drei zeigen die schöpferische und originale Kraft des „Drachen".

Drachen-Geborene sind vielseitig, auf zahlreichen Gebieten haben sie Großes geleistet. Ein Beispiel ist hier Sigmund Freud, der Begründer der Psychoanalyse, oder Charles Darwin, der die Evolutionstheorie entworfen und die Herkunft des Menschen aus der Natur geklärt hat. Auch ein Philosoph findet sich unter den „Drachen"; Nietzsche war ein Drachen-Geborener – allerdings in einer ungünstigen Verbindung mit dem Geburtsmonat des Huhns.

Zwei weitere Drachen-Geborene finden sich in einem ganz anderen Bereich – in dem der Politik. Beide haben viel für die Menschen getan und so den positivsten Charakterzug des „Drachen" gezeigt: Abraham Lincoln, der die Sklaverei abschaffte, und Martin Luther King, der sich ebenfalls gegen die Unterdrückung der Schwarzen in den USA einsetzte.

Gesundheit

Gesundheitliche Probleme machen Drachen-Geborenen seltener als anderen Menschen zu schaffen. Am ehesten sind bei ihnen die Sinnesorgane betroffen. Im Alter sollten sie sich davor hüten, sich allzusehr von den Menschen zurückzuziehen, da ihnen sonst geistige Zusammenbrüche drohen können (wie dies beim Drachen-Geborenen Nietzsche der Fall war).

Hinsichtlich seiner Ernährung sollte der „Drache" weniger darauf achten, *was* er ißt (obgleich das natürlich immer wichtig ist), sondern vor allem darauf, *wie* er ißt – nämlich zu schnell und mit zu großen Pausen zwischen den Mahlzeiten.

Die Meridianbehandlung

Der Meridian des Drachen-Geborenen ist der „Dreifache Erwärmer-Meridian". Wenn er diesen offenhält, so daß die Energie unbehindert in ihm fließen kann, wird er die positiven Wirkungen schnell erfahren können. Er sollte die drei in der folgenden Abbildung eingezeichneten Punkte jeweils fünf bis sieben Sekunden lang kraftvoll drücken und dabei mit dem untersten Punkt beginnen.

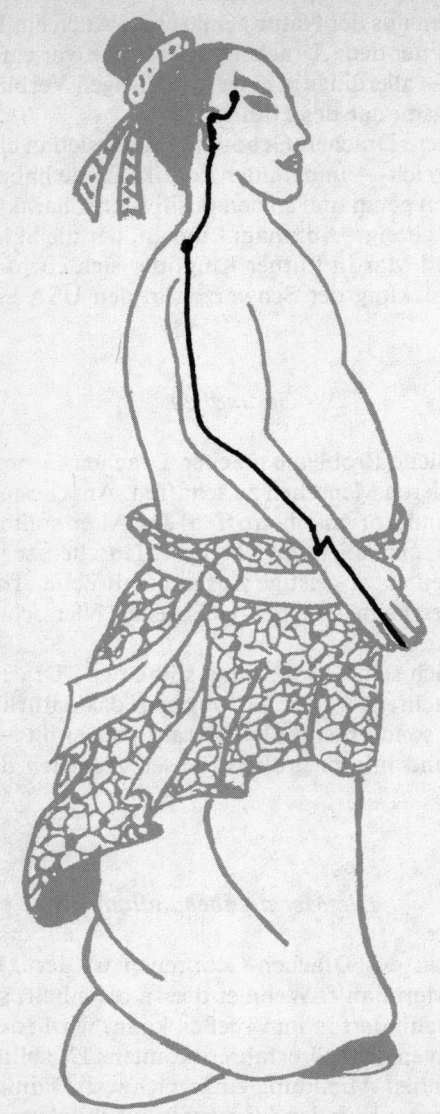

Abb. 5: Dreifacher Erwärmer-Meridian

Das Zeichen der Schlange

Die Schlange gilt bei uns in China als Symbol der Klugheit. Bei ihr überwiegt die Yin-Energie, also das weibliche, passive Prinzip. Ein Jahr der Schlange bringt nicht selten große Entdeckungen und hilfreiche Erfindungen mit sich. Die Glückszahl der ,,Schlange'' ist die ,,9''; ihre Farbe ist Türkis.

Charakter: Anlagen und Möglichkeiten

Schlange-Geborene sind ihren Mitmenschen oft ein Rätsel. Das liegt nicht etwa daran, daß sie launisch wären — ganz im Gegenteil: sie sind psychisch überdurchschnittlich stabil. Das Rätselhafte gehört einfach zum Wesen des Schlange-Geborenen.

,,Schlangen'' haben das Bedürfnis, Dinge zu hinterfragen. Dabei kommt es ihnen weniger auf eine klare, logische Analyse an, sondern vielmehr auf die großen, nicht analytisch aufklärbaren Fragen des Seins. Sie betrachten Probleme aus vielen Blickwinkeln und versuchen, alle möglichen Aspekte zu erkennen. Vom Standpunkt anderer Menschen aus erscheint es dann manchmal so, als würden Schlange-Geborene ständig ihre Meinung wechseln.

Manchmal neigen ,,Schlangen'' dazu, ihre Undurchschaubarkeit zu kultivieren und sie zum Selbstzweck zu machen. Natürlich geschieht das selten bewußt. Doch sie empfinden eine gewisse Befriedigung, wenn sie von einem Geheimnis umgeben sind — und sind sie es nicht, tun sie trotzdem so.

Schlangen-Geborene treten gern in exklusive Verbindungen, Clubs oder Gruppen ein; bei ihnen besteht die Gefahr, daß sie ein elitäres, hochnäsiges Verhalten annehmen, das anderen Menschen unangenehm ist. Wenn ,,Schlangen'' diesen falschen Weg eingeschlagen haben, spüren sie die Abneigung, die sie dann in anderen hervorrufen, meist gar nicht, sondern schreiben die Distanz, die diese halten, eher ihrer Rätselhaftigkeit zu und glauben, daß andere sie dafür bewundern.

Schlange-Geborene *sind* in gewisser Weise geheimnisvoll, da sie sich tiefergehend mit Problemen auseinandersetzen und einen ästhetischen Blickwinkel einnehmen können, der anderen Menschen oft verborgen bleibt. Deshalb müssen sie sich nicht geheimnisvoll *geben;* sie sollten sich vielmehr darum bemühen, daß andere Menschen sie besser verstehen können. Die beste Möglichkeit dazu bietet vielleicht die Kunst; im künstlerischen Ausdruck zeigt die „Schlange" ihren komplexen Charakter, ohne ein Geheimnis daraus zu machen.

Ein typischer Schlange-Geborener haßt die Worte „ja" und „nein". Nicht etwa, weil er Entscheidungen scheut, sondern weil er weiß, daß die Dinge meist nicht so schlicht sind, als daß sie mit einem einfachen „Ja" oder „Nein" beantwortet wären. Manchmal geht er seinen Mitmenschen mit seiner Tiefsinnigkeit auf die Nerven. Schließlich ist es nicht unbedingt notwendig, *jede* Banalität von allen Seiten zu betrachten und zu bedenken. Das ist eine Gefahr, die Schlange-Geborenen droht: daß sie sich in Nebensächlichkeiten verzetteln, statt sich wichtigen Dingen zuzuwenden, bei denen die der „Schlange" typische Kraft und Tiefe der Betrachtungsweise angemessen sind.

„Schlangen" folgen gerne einer Bestimmung, die sie irgendwann in ihrem Leben erkannt haben (meist in der Pubertät, manchmal aber auch erst nach der Midlife-crisis oder nach den Wechseljahren). Daher ist es für sie sehr wichtig, sich diese Bestimmung wirklich bewußt vor Augen zu führen und sich klarzumachen, ob sie den Einsatz lohnt. Wenn Schlange-Geborene nach vielen Jahren erkennen müssen, daß die Bestimmung, der sie glaubten folgen zu müssen, sich als bedeutungslos und leer erweist, kann sie das in tiefe Depressionen stürzen.

Nicht selten engagieren sich Schlange-Geborene sehr stark in einem Beruf, der dann zu ihrer Bestimmung wird, der sie mit all ihrer Kraft und Zähigkeit folgen. Doch leider ist heute ein Beruf nicht mehr unbedingt eine Berufung; Geld, Ansehen und andere Faktoren spielen oft eine Rolle bei der Berufswahl. Das ist für alle Zeichen von Übel, ganz besonders jedoch für Schlange-Geborene.

Im Leben der „Schlange" spielt Ästhetik, das Gefühl für das Schöne eine wichtige Rolle. Wenn sie dies in ihrem Leben umsetzt, kann das eine große Bereicherung für sie sein; ja sie *braucht* das Schöne geradezu. In dieser Hinsicht können Schlange-Geborene auch schnell Verbindung zu anderen Menschen aufnehmen.

Doch das ästhetische Empfinden der „Schlange" — gerade in unserer durch die Werbung geprägten, zivilisierten Welt — schlägt leicht einmal in Ästhetizismus um. „Schlangen" fallen leicht auf Werbung herein, auch wenn sie ihre Prinzipien durchaus durchschauen und sich gern kritisch über Werbung äußern. Merkwürdigerweise sind es oft aber gerade sie, die schöne (und teure) Dinge anhäufen; sie berufen sich dann gerne darauf, daß Gutes eben seinen Preis hat. Sie kaufen teure Kleidung, edle Autos, benutzen nur die feinsten Kosmetikartikel und verlieren sich häufig im Konsum.

Schlange-Geborene sollten sich bemühen, das, was sie gelernt haben, in ihrem Leben auch umzusetzen. Daran mangelt es nämlich mitunter, trotz ihrer angeborenen Klugheit. Doch wenn die „Schlange" ihre schöpferische Kraft einsetzt, um ihren Sinn für Ästhetik zu befriedigen, wenn sie in sich selbst das Schöne zu verwirklichen sucht, hat sie ihren Weg gefunden.

Liebe und Gefühle

Schlangen-Geborene sind als Partner oft etwas schwierig. Ihr scheinbar ständiger Standpunktwechsel erschwert es anderen Menschen oft, ihre Gedanken nachzuvollziehen. Und die Tatsache, daß sie nicht besonders gesprächig sind und daß sie — *wenn* sie sprechen — dies gerne in Rätseln tun, macht es auch nicht gerade leichter.

Streit bietet oft eine Möglichkeit, Probleme zu bereinigen und „Dampf abzulassen". Nach dem Gewitter ist die Luft dann wieder sauberer. Doch in der Beziehung mit einer „Schlange" ist das nicht so leicht, denn sie läßt sich einfach nicht gerne durchschauen. Das heißt auch, daß es ihr schwerfällt, dem Partner gegenüber wirklich ganz offen zu sein. Auch die Offenheit betrachtet die ,,Schlange'' aus unterschiedlichen Blickwinkeln, und nicht aus jedem erscheint sie als wünschenswerte Eigenschaft. Deshalb scheut die ,,Schlange'' sich davor, sich dem anderen gegenüber ganz zu öffnen.

Wirklich emotional wird der Schlange-Geborene sowieso nicht so schnell. Seine Selbstkontrolle ist manchmal schon fast unheimlich. Während es anderen Menschen häufig an Selbstbeherrschung mangelt, hat er zuviel davon. Dabei können ,,Schlangen'' durchaus sehr leidenschaftlich und romantisch sein. Wenn es ihnen gelingt, auf den Partner so einzugehen, daß er sie auch versteht, sind ihre Beziehungen zu anderen Menschen sehr förderlich für alle Beteiligten. Wenn das Herz der ,,Schlange'' Feuer gefangen hat, wird dieses nicht so schnell wieder verlöschen.

Die Beziehungen zu den anderen Zeichen

Ratte

Schlange- und Ratten-Geborene haben Probleme miteinander, was eigentlich verwundert, da sie viele Eigenschaften gemein haben. Doch der ,,Ratte'' ist die Unabhängigkeit der ,,Schlange'' unheimlich, und die ,,Schlange'' genießt ihre Rätselhaftigkeit. Wenn sich die beiden ein Stück entgegenkommen, kann eine sehr fruchtbare Beziehung entstehen.

Büffel

Menschen des Zeichens ,,Schlange'' sind die Traumpartner der Büffel-Geborenen. Sie haben den gleichen Sinn für Romantik und suchen eine tiefe, beständige Liebe. Beide ergänzen sich gut: Während die ,,Schlange'' durch die Bodenständigkeit und die Geduld des ,,Büffels'' weniger leicht ,,abhebt'', vermag die ,,Schlange'' den ,,Büffel'' aus seiner Lethargie zu reißen und dadurch seine verborgenen kreativen Kräfte ans Licht zu bringen.

Tiger

Mit „Tigern" verstehen „Schlangen" sich fast immer gut. In der Liebe haben beide sehr ähnliche Vorstellungen: wild, abenteuerlich und mit tiefen Gefühlen. Deshalb gibt es bei dieser Verbindung erstaunlicherweise auch selten Probleme mit der Treue, obgleich beide Zeichen ein wenig zur Untreue neigen. Beide finden jedoch das Abenteuer im Partner.

Hase

Schlangen- und Hasen-Geborene kommen meist nicht gut miteinander aus. Das Rätselhafte und Kontrollierte der „Schlange" stellt den „Hasen" vor Probleme. Er fühlt sich irritiert, weil es ihm nicht gelingt, sich in Schlangen-Geborene einzufühlen, was ihm eigentlich sonst nicht schwerfällt. Die „Schlange" dagegen kommt manchmal mit dem etwas überzogenen Beschützerinstinkt des „Hasen" nicht klar.

Drache

Mit „Drachen" kommen „Schlangen" recht gut aus — beide symbolisieren ein Zeichen der Macht, aber die Schlange wirkt lieber im Hintergrund. In dieser Hinsicht ergänzen sich die beiden recht gut. Allerdings fördert die „Schlange" die Introvertiertheit des „Drachen".

Schlange

Mit ihresgleichen haben Schlangen-Geborene wenig Probleme. Sie lieben das Geheimnisvolle nicht nur an sich, sondern auch am anderen. Eine „Schlange-Schlange-Partnerschaft" kann bis ins Alter interessant bleiben. Allerdings: Eine tiefe Liebe entwickelt sich zwischen ihnen nur selten.

Pferd

Mit Menschen, die in Jahren des Pferdes geboren sind, verstehen sich Schlangen-Geborene überraschenderweise ziemlich gut. Allerdings wohl weniger auf intellektueller als auf sinnlicher Ebene. Beide sind leidenschaftliche Liebhaber. Doch ,,Pferde'' werden für ,,Schlangen'' meist eine Enttäuschung: So schnell sie verliebt sind, so schnell ,,entlieben'' sie sich auch wieder.

Ziege

,,Ziegen'' sind aus ähnlichen Gründen wie ,,Hasen'' keine guten Partner für Schlange-Geborene. Das Beschützende, das die ,,Ziege'' ausstrahlt, geht der ,,Schlange'' oft auf die Nerven. Auch für die Ängste der Ziegen-Geborenen haben ,,Schlangen'' mitunter wenig Verständnis.

Affe

,,Affe'' und ,,Schlange'' verstehen sich gut. Es ist allerdings eher eine intellektuelle Partnerschaft, wenn sie sich nicht intensiv umeinander bemühen. Beide können aber durchaus voneinander lernen.

Huhn

Auch die ,,Schlange'' ist immer für eine Überraschung gut. Zum Beispiel ist es erstaunlich, daß sie sich mit Huhn-Geborenen am allerbesten versteht. Vielleicht ist die Exzentrik des ,,Huhns'' der Rätselhaftigkeit der ,,Schlange'' verwandt? Beide profitieren in einer Partnerschaft voneinander; die ,,Schlange'' vom analytischen, kritischen Denken des ,,Huhns'' und dieses von der Tiefsinnigkeit der ,,Schlange''.

Hund

Hund- und Schlange-Geborene sind meist zu verschieden, als daß es zwischen ihnen überhaupt funken könnte. In den seltenen Fällen, in denen sich dennoch eine Beziehung entwickelt und diese auch einige Zeit überdauert, können beide Zeichen aber viel voneinander lernen — gerade *wegen* ihrer Verschiedenartigkeit.

Schwein

Mit dem ,,Schwein'' kommt die ,,Schlange'' in der Regel
überhaupt nicht zurecht. ,,Schweine'' sind typischerweise völlig ohne Geheimnis; das ist ihre Stärke. Für ,,Schlangen'' jedoch läßt sie das meist völlig uninteressant erscheinen.

Beruf

Schlange-Geborene sollten bei der Wahl ihres Berufes unbedingt ihrer Intuition trauen. Das heißt aber gewiß nicht, daß
sie einfach das tun sollten, was ihnen gerade in den Sinn
kommt. Zu leicht fallen ,,Schlangen'' ihrem Anspruchsden-
ken zum Opfer, das sie auf das Äußerliche richten. Sie umgeben sich gern mit Luxus und schönen Dingen – deshalb
streben sie anfangs oft nach dem Beruf, der ihnen das mei-
ste Geld bringt. Doch darin erreichen sie dann nicht das, was
sie sich wünschen und wie es eigentlich auch ihren Fähigkeiten entspricht.

Wenn Schlange-Geborene einen Beruf ergreifen, bei dem
sie von schönen Dingen umgeben sind – beispielsweise in
der Mode- oder Schmuckbranche –, dann sind sie schon eher
auf dem richtigen Weg. Zwar ist es noch nicht gerade das,
was sie in ihrer persönlichen Entwicklung weiterbringt, aber
sie sind in solchen Berufen meist ziemlich zufrieden und können höchste Positionen erreichen.

Noch besser ist es für Schlange-Geborene, wenn sie ihr
ästhetisches Gefühl selbständig und aktiv einsetzen können.
Als Künstler fühlen sie sich zum Beispiel wohl; ,,Künstler''
ist dabei sehr weitgehend zu verstehen: Es geht darum, daß
Schlange-Geborene gerne selbst etwas gestalten. Viele Hand-
werksberufe umfassen irgend etwas, das ihnen entgegen-
kommt, beispielsweise Schreiner, Töpfer oder Goldschmied.
Auch in der Werbebranche sind ,,Schlangen'' gut aufgehoben.

Am besten sind sie jedoch beraten, wenn sie das Schöne
nicht in äußeren Dingen suchen, sondern in inneren Werten.

„Schlangen" sind meist gute Psychologen oder Geistliche. Wenn sie diesen Aspekt mit dem Künstlerischen in sich verbinden, können große, bewegende Werke entstehen.

Um noch einmal auf die Intuition zurückzukommen: Wenn Schlange-Geborene in sich hineinhören und versuchen, zunächst einmal von materiellen Vorteilen abzusehen, werden sie schnell herausfinden, welcher berufliche Weg für sie der richtige ist.

Geld

Wie schon aus dem zuvor Gesagten hervorgeht, lassen sich Schlange-Geborene mitunter von Geld blenden. Es verschafft ihnen den Luxus, den sie gerne um sich haben. Wenn sie sich erst einmal in die Abhängigkeit von Geld und Luxus gebracht haben, fällt es ihnen schwer, sich wieder daraus zu befreien. Das Streben nach Geld entwickelt nämlich seine eigene Dynamik; nach einiger Zeit will man immer mehr — eine endlose Spirale. Ist eine „Schlange" in dieser Spirale gefangen, wird sie sogar behaupten, daß sie sich damit wohlfühlt.

Ein ständig präsentes ungutes Gefühl im Hinterkopf sagt ihr aber deutlich, daß sie nicht auf dem richtigen Weg ist. Unterbewußt wird die „Schlange" versuchen, die Richtung, die ihr ihre Intuition weist, einzuschlagen, und dabei ihr bisheriges Leben in Frage stellen. Wie schon gesagt, fällt die Midlife-crisis bei „Schlangen" mitunter ziemlich heftig aus. Menschen, die im Alter plötzlich ihr ganzes Leben umkrempeln, sind überdurchschnittlich häufig Schlangen-Geborene.

Aber um wieder auf das Geld zurückzukommen: „Schlangen" können damit insofern gut umgehen, als sie es ordentlich und vorausblickend verwalten. Deshalb ist es eher selten, daß sie in Geldnöte geraten. Wenn doch, so hängt es fast immer damit zusammen, daß sie sehr anspruchsvoll sind und nur das Beste, Feinste und Teuerste kaufen. Aber auch diese Geldsorgen lösen sich schnell, denn „Schlangen" handeln in Geldangelegenheiten sehr vorausschauend. Am besten fah-

ren Schlange-Geborene allerdings, wenn sie sich nicht allzusehr um Geld kümmern.

Die Entwicklung

Die „Schlange" besitzt eine große Kraft, in sich Gutes zu
schaffen. Diese wird allerdings zu leicht von materiellen Wünschen verdeckt. Das Streben nach schönen Gegenständen
kann den inneren Drang der Schlange-Geborenen, einer sinn-
erfüllten Bestimmung zu folgen, auf Dauer nicht gerecht werden. Deshalb sollten sie ihrem ästhetischen Empfinden folgen, aber sich dabei nicht selbst verlieren. Was sie *tun,* sollte
von der Suche nach dem Schönen bestimmt sein, nicht, was
sie *haben.* Schlange-Geborene sollten Schönes *schaffen,* nicht
nur verwalten. Auch ihre Beziehungen zu anderen Menschen
werden gewinnen, wenn sie sich auf innere statt bloß auf
äußere Schönheit besinnen.

Irgendwann im Leben findet jeder Schlange-Geborene seine
wahre Bestimmung. Je früher es dazu kommt, desto unpro-
blematischer verläuft diese Zeit der Transformation. Aber
es ist für „Schlangen" niemals zu spät, aus den Veränderungen, die dieser Bewußtseinsschritt mit sich bringt, das Beste
zu machen.

Gute und schlechte Jahre

Für „Schlangen" ergibt sich ein ziemlich klarer Rhythmus
von guten und schlechten Jahren. Man könnte diesen Vor-
gang mit der Häutung von realen Schlangen vergleichen.
Einer langen Zeit inneren Wachstums folgt eine Krise (die
Häutung), an die sich dann eine Zeit der Ruhe und des er-
neuten Wachstums anschließt.

Die „Häutung" – die schwersten Jahre für Schlange-
Geborene – findet in den Jahren des Schweins statt (das entspricht den Lebensaltern, in denen man mit der Schule an-
fängt, volljährig wird, ins Heiratsalter und in die Wechsel-

jahre kommt). Diese Jahre sind zwar schwierig, doch es ergeben sich auch gute Möglichkeiten, die eigene Bestimmung zu finden.

Die folgenden Jahre der Ratte und des Büffels verlaufen ruhig; die anschließenden sechs Jahre — die des Tigers, Hasen, Drachen, der Schlange, des Pferdes und der Ziege — sind sehr vorteilhaft (der Höhepunkt liegt in den Jahren des Hasen). Darauf folgen wieder drei mäßige Jahre — die des Affen, des Huhns und Hundes. Dann beginnt der Kreislauf wieder von vorn.

Berühmte Persönlichkeiten

Viele große Persönlichkeiten waren Schlange-Geborene, viele davon sogar ganz typische: geheimnisvoll, tiefsinnig und das Beste im Menschen zum Vorschein bringend.

Der große deutsche Dichter (und Wissenschaftler) Johann Wolfgang von Goethe war eine ,,Schlange''. Auch andere berühmte Schriftsteller wie Dostojewski und der vor kurzem verstorbene Kinderbuchautor Michael Ende (,,Die unendliche Geschichte'') zeigen die besten Eigenschaften der ,,Schlange''.

Ein weiterer berühmter Schlange-Geborener ist Pablo Picasso, dessen Malerei eine neue Epoche in der Kunst einleitete.

Politiker, die in Jahren der Schlange geboren wurden, waren John F. Kennedy und Mao Tse-tung, die beide — wenn auch auf ganz gegensätzliche Weise — das Beste für ihre Völker wollten; ebenso wie Mahatma Gandhi, ein weiterer Schlange-Geborener.

Gesundheit

Schlange-Geborene verfügen über eine ziemlich robuste Gesundheit. Ihre Kontrolliertheit führt im körperlichen Bereich allerdings mitunter zu Verspannungen, die sich dann ihrerseits wieder in Schmerzen äußern und eventuell auch auf innere Organe auswirken.

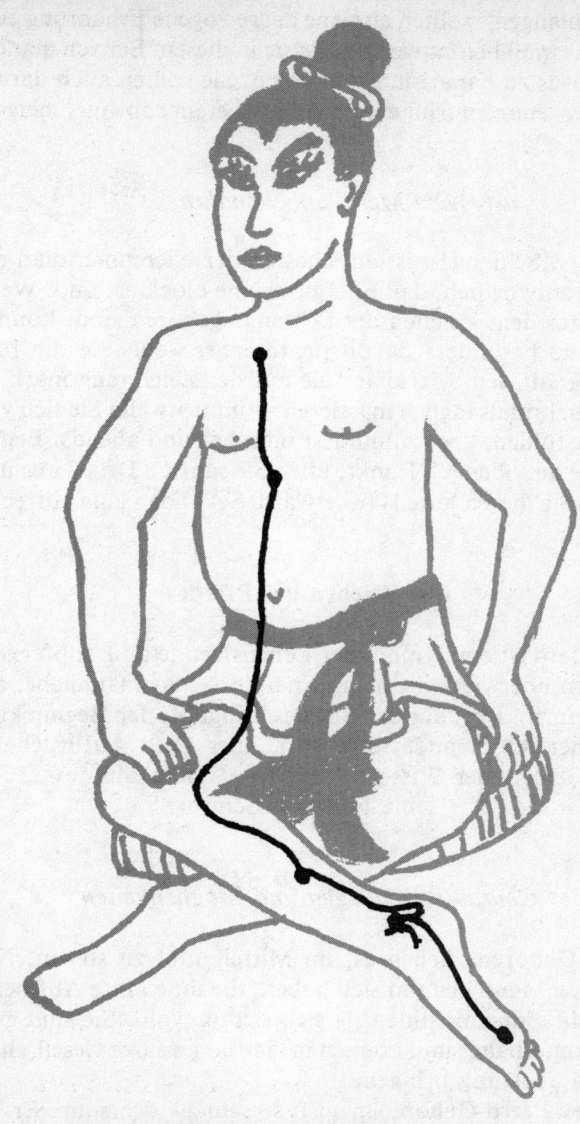

Abb. 6: Nierenmeridian

,,Schlangen'' sollten auf eine ausgewogene Ernährung achten; das muß betont werden, da sie in diesem Bereich manchmal etwas zu Fanatismus tendieren. Sie sollten auch darauf achten, genug zu trinken, da sie zu Nierenproblemen neigen.

Die Meridianbehandlung

Bei der ,,Schlange'' ist am ehesten der Nierenmeridian dafür verantwortlich, daß Energieströme blockiert sind. Wenn Sie unter dem Zeichen der Schlange geboren sind, können Sie ganz besonders davon profitieren, wenn Sie die fünf Punkte auf dem Meridian, die auf der Zeichnung markiert sind, mehrmals täglich massieren — immer wenn Sie sich verspannt fühlen, aber zumindest morgens und abends. Beginnen Sie am obersten Punkt, üben Sie sanften Druck aus und halten Sie diesen jeweils für etwa 30 Sekunden lang aufrecht.

Das Zeichen des Pferdes

Das Pferd ist ein Symbol der Lebensfreude und Tapferkeit. Bei ihm überwiegt die Yang-Energie — das männliche, aktive Prinzip. Ein Jahr des Pferdes bringt oft den Beginn kriegerischer Auseinandersetzungen, aber auch Aufbrüche in neue Gebiete der Wissenschaft. Die Glückszahl des ,,Pferdes'' ist die ,,2''; seine Farbe ist Schwarz.

Charakter: Anlagen und Möglichkeiten

Pferd-Geborene lieben es, im Mittelpunkt zu stehen. Nur wenn sie Menschen um sich haben, die ihnen ihre Aufmerksamkeit widmen, fühlen sie sich richtig wohl. Sie sind gute Alleinunterhalter und können in eine langweilige Gesellschaft schnell Schwung bringen.

Einen Pferd-Geborenen wirft so schnell nichts um. Er besitzt einen nahezu unerschütterlichen Optimismus und ein starkes Selbstbewußtsein, das ihm durch so manche schwierige Lage helfen kann. Sein Optimismus ist oft geradezu ansteckend, so daß er in der Lage ist, andere für seine Sache zu begeistern.

Diesen positiven Grundzügen stehen — wie immer — leider auch negative Seiten gegenüber. Denn man kann nicht übersehen, daß Pferd-Geborene hin und wieder zu einer unreflektierten Egozentrik neigen. Das heißt nun nicht, daß sie *Egoisten* wären; sie widmen sich sogar ausgesprochen gerne sozialen und gesellschaftlichen Aufgaben. Doch auch dabei ist es ,,Pferden'' wichtig, daß neben ihrem Anliegen vor allem ihre Person Aufmerksamkeit erregt und im Vordergrund steht. Während der Egoist nur für sich selbst sorgt, ohne Rücksicht auf andere zu nehmen, kümmert sich der Egozentriker durchaus auch um andere; doch bei all seinem Tun steht er selbst im Mittelpunkt. Ein Mensch, der in einem Jahr des Pferdes geboren ist, ist ein typischer Egozentriker, *kein* Egoist.

Man muß allerdings dazu sagen, daß Egozentrik nicht unbedingt negativ ist. Zwangsläufig steht die eigene Person ja tatsächlich im Mittelpunkt ihrer eigenen Welt. Man kann zwar versuchen, sich in andere hineinzuversetzen — doch man kann das natürlich nur in der eigenen Vorstellung. Eine ,,sanfte'' Egozentrik, die die eigene Person nicht in den Mittelpunkt stellt, sondern um die zwangsläufige Mittelpunktstellung weiß, kann sogar etwas Positives sein. Sie ist ein Ausdruck von Bewußtheit. Diese sanfte Egozentrik wäre für Pferd-Geborene ein guter Weg. Doch es gelingt ihnen nur dann, ihre Egozentrik in eine positive innere Kraft zu verwandeln, wenn sie sich *wirklich* um Bewußtheit bemühen. Denn ,,Pferde'' tendieren gelegentlich ein wenig zur Oberflächlichkeit.

Menschen, die unter dem Zeichen des Pferdes geboren sind, sind keineswegs dumm — sie haben einfach keine große Motivation, zu tief nach innen zu blicken. Schließlich bietet ihnen die äußerliche Welt genug Interessantes und viele Möglichkeiten, bewundert zu werden. Es fällt ,,Pferden'' schwer, den ,,Trubel'' einmal beiseite zu lassen und sich auf ihre innere Welt zu konzentrieren. Das ist natürlich schade, da sie von etwas mehr Innerlichkeit sehr profitieren könnten.

,,Pferde'' sind aber trotz (oder wegen) ihrer Egozentrik meist ziemlich beliebt. Zum einen macht sich ihre Selbstverliebtheit oft positiv bemerkbar — beispielsweise, wenn sie eine Gruppe von Menschen durch ihren Optimismus motivieren oder eine Gesellschaft unterhalten. Zum anderen können ,,Pferde'' ja auch mit anderen positiven Eigenschaften aufwarten: Sie lieben zum Beispiel Herausforderungen und bewältigen diese oft mit einer erstaunlichen Tatkraft.

Meistens werden Pferde-Geborene genauso leicht unter- wie überschätzt. Während die Menschen, die ihre positiven Seiten kennengelernt haben, ihnen beinahe alles zutrauen, halten andere, die nur ihre Oberflächlichkeit sehen, nicht gerade viel von ihnen. Die Wahrheit liegt irgendwo in der Mitte. Pferd-Geborene können — wenn sie einer entsprechenden Herausforderung gegenüberstehen — sehr viel bewegen. Nur tendieren sie dazu, sich selbst über alle Maßen zu loben und auch ihre eigenen Kräfte zu überschätzen, wenn ihnen etwas gelungen ist. Bescheidenheit wäre eine Tugend, durch die sie ihre positiven Energien enorm verstärken könnten. (,,Pferde'' versuchen gern, bescheiden zu *erscheinen;* doch das nimmt ihnen kaum jemand ab. Sie sollten *vor sich selbst* bescheiden sein und auch einmal milde Selbstzweifel zulassen.)

Um noch einmal auf die Fähigkeit des Pferd-Geborenen, Herausforderungen anzunehmen, zurückzukommen: Er kann mit diesen auch deshalb gut umgehen, weil er über ein ungewöhnliches Organisationstalent verfügt. Dieses beinhaltet neben der Fähigkeit zum bloßen Ordnen auch ein ganzes Stück Intuition.

Wenn es ,,Pferden'' gelingt, ihre Egozentrik ein wenig zu relativieren, können sie nicht nur große Aufgaben bewältigen, sondern sich auch innerlich enorm weiterentwickeln und dabei ihre natürliche Heiterkeit zu einem inneren Strahlen werden lassen.

Auch die Beziehungen von Pferd-Geborenen sind natürlich ein wenig von der Selbstverliebtheit geprägt. Es fällt ihnen nicht leicht, auf den Partner wirklich einzugehen, seine Bedürfnisse zu spüren und ihn zu verstehen. Das ist nicht nur für den Partner oft schwierig, sondern bedeutet auch für den Pferd-Geborenen, daß er nicht vom anderen lernen kann, weil er sich nicht richtig auf ihn einläßt. Ihre Neigung zur Oberflächlichkeit hat für sie selbst einen Verlust an neuen, erweiternden Erfahrungen und an Erfahrungstiefe zur Folge.

Trotzdem haben Pferd-Geborene es im Umgang mit ihren Mitmenschen relativ leicht. Durch ihre gewinnende Ausstrahlung sind sie meist beliebt bei den Menschen, mit denen sie in Kontakt stehen. In Pferd-Geborene verliebt man sich schnell, und auch sie verlieben sich leicht – in dieser Hinsicht sind sie durchaus abenteuerlustig und draufgängerisch. Außerdem warten sie in der Regel nicht ab, bis jemand auf sie zukommt, sondern sie ergreifen gerne selbst die Initiative, wenn sie verliebt sind. Das Problem ist nur, daß sie sich genauso schnell wieder in jemand anderen verlieben. Man kann nicht behaupten, daß Treue eine Stärke des ,,Pferdes'' wäre. So hinterläßt es nicht selten eine Spur unglücklicher Liebschaften – wobei sich das Unglücklichsein meist auf den Partner beschränkt. Dem ,,Pferd'' tut es zwar leid, dem anderen Kummer zu bereiten, doch es hat selbst wenig Probleme damit. ,,Pferde'' sind eben ein wenig flatterhaft.

Pferd-Geborene können sehr nachtragend sein, wenn man sich ihnen in den Weg stellt, wenn man sie wegen ihrer Oberflächlichkeit kritisiert oder sie enttäuscht. Sie neigen eben sehr dazu, Dinge, die sie selbst betreffen, sehr viel deutlicher wahrzunehmen als die Bedürfnisse und Beweggründe anderer.

Alles in allem können Pferde gute Partner sein, wenn sie lernen, auf den anderen ein wenig mehr einzugehen. Der Partner muß dafür allerdings etwas Geduld und Toleranz aufbringen. Gerade in einer dauerhaften Beziehung kommen oft die besten Seiten des ,,Pferdes'' zum Vorschein.

Ratte

Mit „Pferden" verstehen sich „Ratten" nur selten. Es gibt einfach zu viele Differenzen. Die Selbstbezogenheit des „Pferdes" ist der Ratte unangenehm, während die Pferd-Geborenen mit dem ausgeprägten ästhetischen Empfinden der Ratten-Geborenen nichts anfangen können.

Büffel

Büffel-Geborene verlieben sich oft in Pferd-Geborene, merken aber bald, daß es keine solide Grundlage für eine Beziehung gibt, und ziehen sich enttäuscht zurück. „Pferde" dagegen bewundern häufig die Bodenständigkeit, den Mut und die Kraft der „Büffel", finden sie dann aber meist auf Dauer zu langweilig (was zeigt, daß sie „Büffel" nicht *wirklich* verstehen).

Tiger

„Pferde" und „Tiger" stellen eine sehr günstige Konstellation dar. Gerade im „Pferd" bringt der „Tiger" die besten Eigenschaften zum Vorschein. Aber auch umgekehrt sind die Auswirkungen günstig: Das „Pferd" lenkt die spirituelle Energie des „Tigers" auf das Weltliche.

Hase

Pferd- und Hasen-Geborene kommen gut miteinander aus. Sie verlieben sich meist schnell ineinander, und obwohl dies im Freundeskreis zunächst oft nicht vermutet wird, hält die Beziehung auch. Das „Pferd" bringt den „Hasen" dazu, etwas mehr an sich selbst zu denken, und der „Hase" wirkt der Egozentrik des „Pferdes" ein wenig entgegen. So findet hier ein außerordentlich positiver Ausgleich statt.

Drache

,,Pferde" bewundern ,,Drachen"; doch die ,,Drachen" haben meist mit den ,,Pferden" große Probleme, weil sie sich gerne in den Vordergrund stellen und dem ,,Drachen" so die Show stehlen (glauben sie). Der ,,Drache" ist nur selten in der Lage, die positiven Seiten des ,,Pferdes" zu erkennen, und sieht nur dessen Ich-Bezogenheit, die ihn abstößt (vielleicht erinnert sie ihn unterbewußt an seine eigene Egozentrik?).

Schlange

Pferd- und Schlangen-Geborene verstehen sich überraschenderweise ziemlich gut. Allerdings wohl weniger auf intellektueller als auf sinnlicher Ebene. Beide sind leidenschaftliche Liebhaber. Doch ,,Pferde" werden für ,,Schlangen" meist eine Enttäuschung. So schnell der Pferd-Geborene verliebt ist, so schnell ,,entliebt" er sich auch wieder.

Pferd

Mit anderen Pferd-Geborenen kann eine gute Beziehung aufgebaut werden. Doch es hängt immer ein Damoklesschwert über einer solchen Verbindung: Die Ich-Bezogenheit beider führt mitunter zu Verletzungen des Partners. Und da ,,Pferde" ja − wie gesagt − oft sehr nachtragend reagieren können, wird dies wiederum den anderen verletzen − ein Teufelskreis, der nur schwer zu durchbrechen ist.

Ziege

,,Ziegen" und ,,Pferde" sind schnell gute Freunde. Die ,,Ziege" geht verständnisvoll auf das ,,Pferd" ein und gibt ihm die Aufmerksamkeit, die es braucht. Außerdem beeinflußt sie das ,,Pferd" durch ihr Vorbild: Die ,,Ziege" ist das genaue Gegenteil des Egozentrikers. Aber auch der Pferd-Geborene wirkt sehr günstig auf die Entwicklung des Ziege-Geborenen.

Affe

Menschen des Zeichens ,,Affe'' geben keine guten Partner für Pferd-Geborene ab. Sie sind ihnen meist zu intellektuell. Auch durchschaut der ,,Affe'' sehr schnell die Ich-Zentriertheit des ,,Pferdes'' und macht sich darüber lustig, womit er natürlich einen höchst sensiblen Punkt trifft und dann entsprechenden Ärger erntet. Eine Beziehung zwischen ,,Pferd'' und ,,Affe'' ist meist von fortwährendem Streit geprägt.

Huhn

Obwohl Huhn-Geborene ebenso egozentrisch sind wie Pferd-Geborene, verstehen sie sich meist recht gut. Beim ,,Huhn'' fällt es dem ,,Pferd'' ausnahmsweise einmal leicht, sich in den anderen hineinzuversetzen. Die beiden Zeichen würden übrigens auch im Geschäftlichen eine hervorragende Verbindung darstellen.

Hund

Hund- und Pferd-Geborene sind wie füreinander bestimmt. Es verhält sich ähnlich wie bei der Konstellation ,,Pferd – Ziege'', doch die Beziehung ,,Pferd – Hund'' ist noch günstiger. Der ,,Hund'' fällt nicht so leicht auf den vordergründigen, gewinnenden Charakter des ,,Pferdes'' herein – das ,,Pferd'' muß sich also um den ,,Hund'' *bemühen:* Damit ist schon der wichtigste Schritt für eine harmonische Partnerschaft getan.

Schwein

Mit Schwein-Geborenen verstehen sich Pferd-Geborene nicht besonders. Es gibt zuwenig Berührungspunkte zwischen den beiden. Insbesondere seitens der Schwein-Geborenen besteht wenig Sympathie.

In beruflicher Hinsicht haben Menschen, die in einem Jahr des Pferdes geboren sind, gute Chancen, in höchste Positionen aufzusteigen. Sie lieben die Herausforderungen, die verantwortungsvolle Stellen bieten. Allein das verspricht fast schon eine steile Karriere, denn die Aufgaben, die einem Spaß machen, erfüllt man meist auch entsprechend gut. Bei Dingen, die einen langweilen, wird man nur mit großer Mühe ans Ziel gelangen. Pferd-Geborene haben dieses Problem nicht; sie *brauchen* die Arbeit geradezu, und es hat den Anschein, daß sie die ihnen gestellten Aufgaben mühelos bewältigen. Doch das täuscht. Sie neigen dazu, sich von ihrer Arbeit ganz einnehmen zu lassen, und überarbeiten sich deshalb manchmal. Oft geht das so weit, daß sie eine Zwangspause einlegen müssen. Dennoch empfinden ,,Pferde'' auch dann ihre Arbeit nicht als Qual. Sie brauchen den Streß, um sich wohlzufühlen.

,,Pferde'' sind mit Vorliebe in Berufen tätig, in denen sie ständig Umgang mit Menschen haben. Im stillen Kämmerlein zu arbeiten liegt ihnen weniger − natürlich auch deshalb, weil sie gerne im Mittelpunkt stehen. In leitenden Positionen können sie das gut verwirklichen. Aber noch wohler fühlen sie sich in Positionen, in denen sie wirklich im Blickpunkt der Öffentlichkeit stehen (oder zumindest zu stehen *glauben*). Das sind vor allem Berufe in den Medien. Pferd-Geborene sind gute Reporter, Moderatoren im Fernsehen und im Funk − überhaupt fast alle Berufe, die mit Film oder Fernsehen zu tun haben oder auch der Beruf des Pressesprechers einer Firma liegt ihnen.

Ihr angeborenes Organisationstalent ist ,,Pferden'' ebenfalls eine große Hilfe im beruflichen Bereich. Aufgrund dieser Fähigkeit und ihrer Führungsqualitäten geben sie gute Teamleiter ab; als untergeordneter Mitarbeiter fühlen sie sich dagegen nicht so wohl.

Ein Punkt sollte vielleicht noch erwähnt werden: ,,Pferde'' sind im Grunde ihres Herzens meist ziemlich konservativ. Großartige Innovationen kann man von ihnen nicht erwarten; sie wollen lieber das Bestehende im Rahmen des Gegebenen verbessern. Wenn sie also als Selbständige tätig sind, sollten sie sich nicht unbedingt in Branchen stürzen, die ständigem Wandel unterliegen. Aufgaben dagegen, bei denen es auf gute Organisation, starke Führung und das richtige Timing ankommt, werden von Pferd-Geborenen meist sehr gut bewältigt.

Geld

Menschen, die unter dem Zeichen des Pferdes geboren sind, können einigermaßen mit Geld umgehen. Sie interessieren sich in der Regel für finanzielle Geschäfte und sind auch in Maßen risikobereit. Wirklich riskante finanzielle Abenteuer gehen sie jedoch nicht gerne ein – es sei denn, gute Freunde überreden sie dazu, was bei ,,Pferden`` nicht allzu schwer ist, denn sie lassen sich relativ leicht von großen Gewinnerwartungen blenden.

Trotz ihres allgemeinen Organisationstalents beweisen Pferd-Geborene kein besonderes Geschick, wenn es darum geht, größere Geldsummen zu verwalten oder zu mehren. Dies demonstriert eigentlich einen ihrer positiven Charakterzüge: Sie interessieren sich einfach mehr für Menschen als für Geld. Sie besitzen zwar gerne Geld, aber sie wollen sich nicht allzu sehr selbst um Geldangelegenheiten kümmern.

Die Entwicklung

Die geistig-seelische Entwicklung von Pferd-Geborenen hängt stark davon ab, in welchem Maße es ihnen gelingt, ihre Egozentrik in angemessene Bahnen zu lenken. Sie sollten lernen, anderen besser zuzuhören und nicht vorschnell anzunehmen, daß sie schon wissen, was der andere sagen will. Sie sollten das allein schon deshalb tun, weil sich andere dann wohler fühlen –. vor allem profitieren sie aber auch selbst sehr davon, wenn sie ein wenig mehr auf andere Menschen eingehen. Sie machen wertvolle neue Erfahrungen, die sie in ihrer persönlichen Entwicklung ein großes Stück weiterbringen können.

Daß ,,Pferde" gerne im Mittelpunkt des Geschehens stehen, mag zwar manchen stören, stellt aber für ihre persönliche Entwicklung nicht grundsätzlich ein Problem dar. Es ist nichts daran auszusetzen, wenn sich jemand in den Mittelpunkt stellt, der sich wohl dabei fühlt, und dennoch anderen zuhört und sie versteht.

Viele ,,Pferde" sind zu sehr am Äußeren orientiert und bleiben deshalb auch oft recht oberflächlich. Dies spiegelt eine gewisse Scheu wider, sich selbst zu erfahren. Doch diese Scheu ist eigentlich unbegründet; denn wenn ,,Pferde" sich dazu aufraffen, in sich zu gehen, haben sie bereits einen großen Schritt in ihrer Entwicklung getan, auf den sie stolz sein können.

Gute und schlechte Jahre

Jahre des Drachen und der Ziege verlaufen für Pferd-Geborene am günstigsten. In diesen Jahren kann man oft beobachten, daß sie ein wenig nachdenklicher und selbstkritischer sind, was jeder, der mit ihnen zu tun hat, als sehr angenehm empfindet.

In Jahren des Hasen, die sich in beruflicher Hinsicht höchst positiv äußern, verlieren sich ,,Pferde" dagegen ganz besonders gern in Äußerlichkeiten. Dasselbe gilt für Jahre, die unter dem Zeichen des Huhns stehen.

Die anderen Jahre verlaufen für ,,Pferde" meist gleichmäßig gut und bieten keine besonderen Schwierigkeiten oder Aufregungen.

Berühmte Persönlichkeiten

Wie man sich nach dem Gelesenen denken kann, findet man einige Menschen des Zeichens ,,Pferd" unter den großen Berühmtheiten der Welt. Darunter sind – was kaum überrascht – viele hochrangige Politiker. Um nur zwei zu nennen: der deutsche Bundeskanzler, Helmut Kohl, und der ehemalige russische Staatsführer Chruschtschow. Beide haben bezeichnenderweise den Hasen als Zeichen des Geburtsmonats.

Aber auch im Bereich der Kunst gibt es große Pferd-Geborene. Einer der berühmtesten Maler der Welt – Rembrandt – zählt dazu. Ebenso der großartige Dirigent Leonard Bernstein und der Komponist Robert Schumann.

Gesundheit

Pferd-Geborene können mit ein wenig Glück alt werden, ohne jemals ernsthaft krank gewesen zu sein. Doch wenn ihnen einmal eine ernsthafte Krankheit droht, weigern sie sich oft lange Zeit, das zu akzeptieren. Zunächst einmal nehmen sie die Signale ihres Körpers nicht wahr, und wenn dann kein Weg mehr an der Einsicht vorbeiführt, daß eine Krankheit besteht, spielen sie gern die Bedeutung ihres Leidens herunter – so lange, bis es zu spät ist. Beinahe widersprüchlich klingt es da, daß „Pferde" gerne über ihre – dann allerdings meist eingebildeten – Krankheiten sprechen.

Die Meridianbehandlung

Der Meridian, der beim „Pferd" typischerweise blockiert ist, ist der Dickdarmmeridian. Man drückt morgens, mittags und abends die fünf in der Zeichnung markierten Punkte. Man beginnt an dem Zeigefingerpunkt und arbeitet sich nach oben vor. Dabei drückt man jeden Punkt kraftvoll für vier bis sechs Sekunden.

Der mittlere Punkt (nahe des Ellbogens) eignet sich auch hervorragend dazu, tagsüber im Alltagsstreß etwas mehr Ruhe und Wohlbefinden zu erreichen. Diesen Punkt drückt man immer dann, wenn man die ersten Anzeichen von Müdigkeit spürt – und zwar dreimal fünf Sekunden lang mit etwas Krafteinsatz.

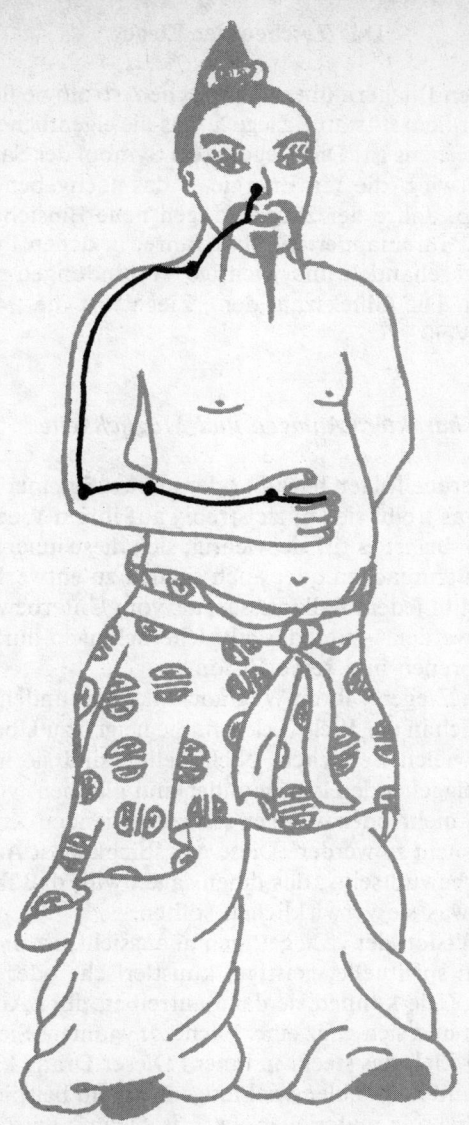

Abb. 7: Dickdarmmeridian

Das Zeichen der Ziege

In westlichen Büchern über chinesische Astrologie liest man manchmal „Schaf" statt „Ziege", was die eigentliche Bedeutung des Zeichens ist. Die Ziege ist ein Symbol der Sanftmut. Bei ihr überwiegt die Yin-Energie – das nachgebende, passive Prinzip. Jahre der Ziege bringen neue Einsichten und Verständnis füreinander. Es sind Jahre, in denen Friedensverträge ausgehandelt und wichtige Verbindungen geschaffen werden. Die Glückszahl der „Ziege" ist die „4"; ihre Farbe ist Weiß.

Charakter: Anlagen und Möglichkeiten

Ziege-Geborene folgen bewußt oder unbewußt einer inneren Vision, etwas treibt sie an, zielstrebig auf ihrem Weg voranzugehen. Dabei ist es für sie wichtig, sich diese innere Vision ganz bewußtzumachen oder auch sie neu zu entwerfen. Bewußtheit ist in jedem Falle besser, als vom Unterbewußtsein gelenkt zu werden – und das gilt sicherlich nicht nur für den Ziege-Geborenen und seine Vision.

Solange „Ziegen" ihren Weg noch nicht gefunden haben, fühlen sie sich in der Welt verloren. Sie neigen zu Überängstlichkeit in vielen Bereichen. Nicht selten sind sie in dieser Phase richtiggehende Hypochonder und glauben, von allen möglichen, mehr oder weniger schwerwiegenden Krankheiten heimgesucht zu werden. Diese Ängstlichkeit ist Ausdruck ihres Unterbewußtseins, das ihnen sagen will, daß ihnen etwas fehlt, was sie verwirklichen sollten.

Wie die Vision der „Ziege" genau aussieht, ist nicht vorauszusagen; spirituelle, geistige, künstlerische oder wissenschaftliche Ziele können sie dazu antreiben, ihre Ängste zu überwinden und sich ganz einer Sache zu widmen. Sie suchen nach einem Ziel; das steckt in ihnen. Dieser Drang kann natürlich mitunter zu Fehlentwicklungen führen, beispielsweise wenn das Ziel rein materieller Natur ist. Damit wird sich die „Ziege" letztendlich nicht wohlfühlen und auch nichts Großes leisten. Gerade weibliche Ziegen-Geborene setzen sich häufig das Familienglück als oberstes Ziel, was ebenfalls ihrer Entwicklung nicht förderlich ist; dieser Rahmen ist für ihre Fähigkeiten einfach zu eng.

Was Ziegen-Geborene in jedem Fall brauchen, ist der Umgang mit Menschen. Zwar behindern sie auch hierbei oft ihre Ängste – in Form von Schüchternheit oder Unterlegenheitsgefühlen –, doch sind sie meist sehr liebenswerte Zeitgenossen, deren Hingabe an ein hochgestecktes Ziel zwar oft skeptisch, aber auch mit Bewunderung betrachtet wird.

,,Ziegen" sind äußerst sensibel. Ihre Gefühle spielen eine wichtige Rolle in ihrem Leben – im negativen wie im positiven Sinne. Sie sind sanft, mitfühlend und verständnisvoll. In der Regel sind das natürlich durchaus angenehme Eigenschaften, von denen sie in ihrem Leben auch sehr profitieren. Auf der anderen Seite können die Extreme dieser Eigenschaften auch zu einer Belastung oder zu einem Hindernis werden.

Die Empfindsamkeit der ,,Ziege" macht es ihr zwar leicht, sich in andere hineinzufühlen, doch wenn das Einfühlungsvermögen zu stark ist, geht ein Stück vom eigenen Selbst verloren. Das ist eine Gefahr für Ziegen-Geborene: daß sie sich im anderen verlieren, daß sie in anderen Menschen und nicht mehr in sich selbst leben. Das Leiden anderer wird dann für sie zu ihrem eigenen Leiden.

,,Ziegen" machen sich schnell abhängig vom Urteil anderer. Gerade, weil ihnen die Gefühle und Meinungen ihrer Mitmenschen so wichtig sind, tun sie sich mitunter äußerst schwer mit Kritik. Dieser Punkt ist schon bei Kindern, die unter dem Zeichen der Ziege geboren sind, in der Schule zu beobachten. Diese neigen oft zu Prüfungsängsten und nehmen es sich sehr zu Herzen, wenn ein Lehrer sie tadelt. Erwachsene sollten diesen sensiblen Kindern ebenfalls mit viel Sensibilität begegnen und so versuchen, ihnen ihre Ängste zu nehmen.

Manchmal spielen sich auch die Ängste und das Einfühlungsvermögen der ,,Ziege" gegeneinander aus. Da ihnen die Nähe zu anderen Menschen sehr wichtig ist, leiden sie häufig auch unter Angst vor Verlust und Einsamkeit. Wenn diese Gefühle in der ,,Ziege" zu stark werden, gelingt es ihr nicht mehr, den nötigen Abstand zu anderen zu wahren, die Distanz, die manch anderer wiederum braucht. Ist dies der Fall, wirkt die Sanftheit und Empfindsamkeit der „Ziege" eher aufdringlich.

All diese negativen Aspekte stellen zwar Gefahren dar, die dem Ziege-Geborenen tendenziell drohen, die jedoch nur in Extremfällen voll zum Tragen kommen. In der Regel gelten Sanftmut und Einfühlungsvermögen als positive Tugenden. Ängste können die Verwirklichung dieser Tugenden behindern, aber letztendlich nicht aufhalten, denn die „Ziege" ist ein sich ständig weiterentwickelnder Charakter, der kaum beim Negativen stehenbleibt. Letztendlich gelingt es Ziege-Geborenen früher oder später, ihre Ängste zu überwinden und zu ihrer Vision zu finden.

Liebe und Gefühle

Die bereits angesprochenen Eigenschaften der Ziege-Geborenen zeigen schon, daß es sich hier um Gefühlsmenschen handelt. Wohl kaum ein anderer Partner kann so verständnisvoll sein — und das stellt ein großes Plus dar. Wenn in einer Beziehung ein Partner nachtragend, verständnislos und beleidigt ist, können bereits kleine Schwierigkeiten große Folgen auslösen. Aber auch, wenn jemand dazu tendiert, Probleme in sich hineinzufressen, kommt es früher oder später zu Konflikten. Das alles ist bei Menschen des Zeichens Ziege kein Thema. Sie können sich gut in andere hineinversetzen und suchen das klärende Gespräch, in dem sie ihre Gefühle offen zeigen, ohne den anderen anzuklagen oder zu verletzen.

Probleme in „Ziege-Partnerschaften" hängen meist damit zusammen, daß es ihnen unter bestimmten Bedingungen nicht möglich ist, eine gewisse Distanz zu anderen zu wahren — in *dieser* Hinsicht fällt es ihnen ausnahmsweise schwer, sich in andere einzufühlen; sie können es sich nicht gut vorstellen, daß jemand in einer Liebesbeziehung auch einmal Abstand braucht. Wenn der Partner aber offen genug ist, dieses Problem deutlich anzusprechen, wird die „Ziege" sich auch hier um Verständnis bemühen.

Für Ziegen-Geborene ist es auf Dauer wichtig, Menschen um sich zu haben, die ihnen Liebe und Geborgenheit bieten. Wenn das nicht der Fall ist, bauen sie nicht selten eine Art Mauer um ihr Herz − innerhalb dieser sind sie weiterhin so sanft und gefühlvoll wie immer, doch aus diesen Mauern dringt nichts mehr nach außen. Dies ist auch ein Grund dafür, weshalb sie sich nicht ausschließlich einem einzigen Menschen oder der Familie widmen sollten. Ziegen-Geborene brauchen den Kontakt zu vielen Menschen.

Die Beziehungen zu anderen Zeichen

Ratte

Ziegen- und Ratten-Geborene können gute Freunde werden − der Liebe ist aber meist kein Erfolg beschieden. Die Sanftheit und Einfühlsamkeit der „Ziege" tut der „Ratte" zwar sehr gut, aber auf Dauer gesehen ist die „Ratte" der „Ziege" zu intellektuell. Im Grunde suchen beide nach einer Liebe, die der andere nur schwer geben kann. Es ist ratsam, es bei einer Freundschaft zu belassen.

Büffel

Eine Verbindung zu einem Büffel-Geborenen klappt am schlechtesten von allen Zeichen. „Ziegen" verstärken die Trägheit, zu der der Büffel-Geborene neigt. Umgekehrt ist der „Büffel" für die „Ziege" nicht förderlich, da er dazu neigt, sie als Partner ganz und gar in Beschlag zu nehmen, was die sozialen Fähigkeiten der „Ziege" verkümmern läßt.

Tiger

Menschen, die in Jahren der Ziege geboren sind, verlieben sich zwar leicht in „Tiger", doch fast immer unglücklich. Denn für die „Tiger" sind „Ziegen" zu brav. Sie sind einfach zu realistisch, und der „Tiger" glaubt schnell, daß die „Ziege" zu tiefen spirituellen Erfahrungen nicht fähig ist (womit er sich täuscht). Aber meist „funkt" es zwischen den beiden Zeichen eben nicht.

Hase

„Hasen" sind die optimalen Partner für „Ziegen". Die Harmonie zwischen den beiden Zeichen ist einfach da: eine echte, nicht gewollte, sondern vollkommen natürliche Harmonie. „Hasen" fördern das Beste in der „Ziege" zutage und geben ihr die Geborgenheit, die sie sucht.

Drache

Ziegen- und Drachen-Geborene bilden meist ein recht glückliches Paar. „Drachen" profitieren davon, daß „Ziegen" in der Regel sehr einfühlsam sind und es ihnen gelingen kann, den „Drachen" aus seiner Distanziertheit zu lösen. „Ziegen" werden von ihrem „Drache-Partner" dafür meist intensiv bei der Verwirklichung ihrer Visionen unterstützt.

Schlange

Ziegen- und Schlangen-Geborene passen für gewöhnlich nicht gut zueinander. Das Beschützende, das die „Ziege" ausstrahlt, geht der „Schlange" oft auf die Nerven, und auch für die Ängste der Ziegen-Geborenen haben „Schlangen" mitunter wenig Verständnis. In einer solchen Beziehung werden die Ängste und Blockaden der „Ziege" eher verstärkt.

Pferd

„Ziegen" und „Pferde" sind schnell gute Freunde. Die „Ziege" geht verständnisvoll auf den „Pferd-Partner" ein und gibt ihm die Aufmerksamkeit, die er braucht. Außerdem beeinflußt sie ihn durch ihr Vorbild positiv – die „Ziege" ist das genaue Gegenteil des Egozentrikers. Aber auch das „Pferd" wirkt sehr günstig auf die Entwicklung der

„Ziege", da es ihr erleichtert, lockerer mit Menschen umzugehen und ihre Ängste aufzugeben.

Ziege

Ziegen-Geborene verstehen sich natürlich gut mit ihresgleichen. Sie können sich gegenseitig verstehen und in den anderen einfühlen. Für eine Freundschaft ist das ideal, doch in einer engeren Liebesbeziehung ziehen sich zwei „Ziegen" leicht in ihre eigene Welt zurück. Ihre Entwicklung kommt dann zunächst einmal zum Stillstand und schreitet erst wieder voran, wenn sich die Beziehung löst.

Affe

Mit „Affen" kommen „Ziegen" ziemlich gut zurecht. „Affen" können zwar schwer auf andere eingehen, doch die Sanftheit und beharrliche Zuwendung der „Ziegen" lassen sie auftauen. Durch seine analytische Klugheit erkennt der „Affe" oft schnell die Probleme der „Ziege" und hilft ihr dabei, sie zu überwinden.

Huhn

Huhn-Geborene sind für Menschen des Zeichens „Ziege" zu sprunghaft und exzentrisch. Wenn das „Huhn" nur *etwas* mehr Beständigkeit in seinem Gefühlsleben zeigte, könnten die beiden vielleicht ein glückliches Paar abgeben. Problematisch ist auch die Verbindung aus der Kritikfreudigkeit des „Huhns" und der Kritikangst der „Ziege".

Hund

Hund- und Ziegen-Geborene verstehen sich ausgesprochen gut. Erstens ist der „Hund" fast ebenso einfühlsam und sensibel wie die „Ziege", und zweitens hilft er der „Ziege" hinsichtlich ihrer Ängstlichkeit und gibt ihr den Schutz, den sie braucht. Die „Ziege" wiederum bringt dem „Hund" Vorteile dadurch, daß sie in praktischen Dingen begabter ist.

Schwein

Eine Verbindung zwischen Schweine- und Ziegen-Geborenen ist wohl für diese beiden Zeichen die günstigste Konstellation. Das „Schwein" genießt die Zärtlichkeit und Sensibilität der „Ziege" sehr. Umgekehrt liebt die „Ziege" die Aufrichtigkeit und Heiterkeit des „Schweins". Beide bringen im anderen die besten Züge zum Vorschein.

Beruf

Ziegen-Geborene drängt es in Berufe, bei denen sie es mit Menschen zu tun haben. Sie sind nicht anspruchsvoll, solange sie bei ihrer Arbeit nicht isoliert sind. Sehr gut eignen Ziegen-Geborene sich für Gesundheitsberufe. Ob als Arzt, Pfleger, Heilpraktiker oder Masseur – sie sind glücklich, wenn sie andere Menschen von ihren Leiden befreien oder diese lindern können. Sie vermögen sich in ihre Patienten einzufühlen, gehen sanft und vertrauenerweckend mit ihnen um und machen es dem Kranken leicht, wieder Vertrauen in die Zukunft zu fassen. Gesundheitsberufe, bei denen die „Ziege" allein arbeiten muß – etwa als Laborarzt – sind weniger geeignet.

Natürlich werden auch andere soziale Berufe – etwa Psychologe oder Sozialarbeiter – den Bedürfnissen der Ziegen-Geborenen gerecht. Hier sprechen sie mit Menschen und können ihre guten Eigenschaften optimal einsetzen. Überhaupt liegt es ihnen, andere zu beraten. Deshalb fühlen sie sich auch als Rechtsanwälte relativ wohl – allerdings sind sie meist empfindlich getroffen, wenn sie Prozesse verlieren. Aber ein beratender Beruf ist in jedem Fall für den Ziege-Geborenen empfehlenswert. Auch mit einer verkäuferischen Tätigkeit, bei der er genau über seine Produkte Bescheid weiß und den Kunden freundlich und hilfsbereit berät, kann sich der Ziege-Geborene wohlfühlen.

Manchmal stolpern „Ziegen" im Berufsleben ein wenig über ihre Ängstlichkeit. Sie suchen den Umgang mit Menschen; doch um dabei zufrieden und erfolgreich zu sein, bedarf es nicht nur des Einfühlungsvermögens und der Sensibilität, sondern mitunter sind auch einmal ein wenig Selbstbewußtsein und Selbstvertrauen nötig. Wenn es ihnen gelingt, diese Bereiche noch etwas zu entwickeln, werden sie ihre beruflichen Ziele erreichen.

Geld

Ziegen-Geborene sind – was Geld angeht – sehr korrekt und ordentlich. Man könnte es auch überängstlich nennen. Sie haben immer ein wenig Angst davor, in finanzielle Nöte zu geraten, obwohl dafür meist überhaupt kein Anlaß besteht. Das kann dann manchmal so wirken, als seien sie geizig. Aber dieser Vorwurf ist in der Regel ganz und gar unzutreffend. Die ,,Ziege'' hortet das Geld nicht, weil sie es nicht ausgeben will, sie sieht in ihm keinen Selbstzweck, sondern sie spart, weil sie Angst hat, daß eine Zeit bevorstehen könnte, in der sie das Ersparte nötig haben wird. Dabei hat sie weniger Angst davor, sich einschränken zu müssen, sondern davor, aus ihren sozialen Bindungen gerissen zu werden.

Teilweise sind Ängste oft rational – aber eben nur teilweise; und dieser Teil wird von ängstlichen Menschen aufgebläht, bis er alles andere überdeckt. So ist es auch mit der Verarmungsangst der Ziege-Geborenen. Sie neigen nicht zum Glücksspiel, nicht zur Konsumsucht, nicht zu übertriebenem Luxus – der Außenstehende fragt sich, *was* die ,,Ziege'' bloß dazu veranlaßt, sich Geldsorgen zu machen.

,,Ziegen'' können insofern mit Geld gut umgehen, als sie sehr darauf achten, keine Verluste zu machen. In gewissen Finanzberufen wären sie deshalb ideal aufgehoben – wenn da nicht ihre tiefsitzende, vielleicht sogar unterbewußte Angst vor Verlust wäre. Dieses negative Denken führt im Umgang mit großen Summen dann leicht zu potentiell schwerwiegenden Fehlern, die die Ängste der ,,Ziegen'' zu bestätigen scheinen. In Geldberufen werden sie daher kaum glücklich.

Die mangelnde finanzielle Risikobereitschaft Ziegen-Geborener erweist sich im Privaten meist als gute Strategie; ihre Familien geraten kaum einmal in Geldnöte.

Die Entwicklung

Menschen, die unter dem Zeichen der Ziege geboren sind, verfügen über gute Anlagen. Ihr Seelenleben ist aufgrund ihres Einfühlungsvermögens sehr reich und entwicklungsfähig. Ihre vielen guten Eigenschaften ermöglichen es ihnen, ein wirklich erfülltes Leben zu verwirklichen.

„Ziegen" tragen eine innere Bestimmung in sich, auf die sie unbedingt hören sollten. Wenn sie sich erst einmal ihr Lebensziel bewußtgemacht haben, ist es kein Problem für sie, dieser Vision zu folgen. Schwierig macht dies lediglich die Tatsache, daß Visionen zunächst einmal in den Tiefen des Unterbewußtseins schlummern. Vielleicht benötigen sie auch ihre Zeit, um zur Reife zu gelangen — doch Ziegen-Geborene sollten immer *aktiv* nach ihrer Vision suchen — es lohnt sich!

Die problematischste Eigenschaft der Ziege — ihre Ängstlichkeit — steht ihrer Entwicklung manchmal etwas im Wege. Ziege-Geborene sollten versuchen, ihrer Ängstlichkeit entgegenzuarbeiten, dann werden sich weitere Entwicklungen schnell wie von selbst ergeben.

Gute und schlechte Jahre

Die schwierigsten Zeiten für „Ziegen" sind die Jahre des Büffels. In diesen treten die ihnen eigenen Ängste besonders deutlich hervor. Ähnlich verhält es sich in den Jahren der Ratte.

Alle anderen Jahre verlaufen für Ziege-Geborene ziemlich günstig. Hervorzuheben sind jedoch folgende Jahre: In den Jahren des Tigers und des Huhns ist es um die seelische Entwicklung der „Ziege" besonders günstig bestellt. Hier fällt es ihnen leichter als sonst, sich von überflüssigen Ängsten zu verabschieden. Finanziell und beruflich sind die Jahre des

Drachen, des Hundes und des Schweins am vorteilhaftesten. Was die Liebe angeht, so heben sich die Jahre des Pferdes von den anderen Jahren positiv ab.

Berühmte Persönlichkeiten

Es gibt nicht so viele Ziegen-Geborene unter den Prominenten wie bei anderen Zeichen. Dies ist aber nicht negativ: ,,Ziegen'' ist nicht so sehr daran gelegen, sich in den Mittelpunkt zu stellen. Daß sie nicht aufgrund mangelnder Begabungen weniger oft unter Prominenten zu finden sind, mögen die folgenden Beispiele belegen. ,,Ziegen'' können nämlich in ganz verschiedenen Bereichen große Leistungen erbringen, wenn sie ihren Visionen folgen.

Die schwedische Schriftstellerin Astrid Lindgren, die einige der bezauberndsten Gestalten der gesamten Kinderbuchliteratur schuf, ist beispielsweise im Jahr der Ziege geboren. Auch der Tennisstar Boris Becker, der außerdem unter dem Einfluß des Feuer-Elementes und im Monat des Hundes geboren wurde, gehört zu den ,,Ziegen''. Das Feuer symbolisiert das Voranstrebende, und der Geburts-Monat des Hundes gibt eine gewisse Ruhe und Zuverlässigkeit — beide Aspekte hat Boris Becker in seiner Karriere bewiesen.

Drei weitere, ganz unterschiedliche Ziege-Geborene sind Kolumbus, der weltberühmte Architekt Walter Gropius und die Politikerin Rosa Luxemburg.

Gesundheit

Probleme, von denen Ziegen-Geborene überdurchschnittlich häufig betroffen sind, sind Schlafstörungen und Allergien. Frauen leiden oft unter Menstruationsschmerzen.

Nicht selten gehen diese Probleme bei ,,Ziegen'' auf eine psychische Komponente zurück: ihre Ängstlichkeit. Es lohnt sich also für sie auch in gesundheitlicher Hinsicht, an ihren Ängsten zu arbeiten.

Abb. 8: Milzmeridian

Um ihre Gesundheit zu fördern, sollten sich Ziege-Geborene mit ihrem Milzmeridian befassen, der oft blockiert ist. Sie sollten dazu die drei in der Abbildung eingezeichneten Punkte mit sanftem Druck, jeden Punkt ca. 40 Sekunden lang massieren. Man beginnt an dem Punkt in der Nähe der Achsel und arbeitet sich dann nach unten vor.

Das Zeichen des Affen

Der Affe stellt ein Symbol für Neugier und Klugheit dar. Es überwiegt die Yang-Energie, das aktive Prinzip. Ein Jahr des Affen bringt neue Erkenntnisse in den Wissenschaften und sportliche Bestleistungen. Die Glückszahl des Affen ist die „3"; seine Farbe ist Orange.

Charakter: Anlagen und Möglichkeiten

Menschen, die im Jahr des Affen geboren sind, sind meist erstaunlich vielseitig. Sie probieren alles Neue aus, und wenn es gerade nichts Neues gibt, denken sie sich selbst etwas aus. Stets müssen sie irgendwie aktiv sein und haben Schwierigkeiten damit, für längere Zeit bei einer Sache zu bleiben: Es gibt soviel Interessantes zu entdecken, soviel neue Erfahrungen, die noch nicht gemacht wurden und soviel, das man noch nicht weiß!

Diese Vielseitigkeit hat allerdings einen Haken: „Affen" können sich nur schwer einer Sache ganz und gar hingeben. Sie brauchen ein relativ kurzfristiges Ziel vor Augen, das sie dann mit Intelligenz und Geschicklichkeit schnell erreichen – doch danach ist diese Sache abgehakt, und sie wenden sich neuen Zielen zu. Affen-Geborene sind sprachlich meist ziemlich geschickt. Sie sprechen oft mehrere Sprachen flüssig – aber keine perfekt: Wenn sie ihr Ziel, sich angemessen zu verständigen, erreicht haben, lohnt es sich für sie schon nicht mehr, sich noch weiter anzustrengen und ihre Fähigkeit zu vervollkommnen.

„Affen" fehlt es also an einer gewissen Beständigkeit. Entsprechend entwickelt sich in vielen Fällen auch ihr Leben. Phasen, in denen sich alles hervorragend über alle Maßen gut entwickelt, wechseln mit Zeiten, in denen es kaum noch tiefer bergab gehen kann. Aber „Affen" bleiben in der Regel optimistisch; ihnen ist völlig bewußt, daß nach schlechten Zeiten auch wieder gute Tage kommen, und so verlieren sie nicht den Mut.

Die Ruhelosigkeit des Affen-Geborenen steckt tief in ihm. Er weiß um diese Rastlosigkeit, die sich manchmal zu einem Gefühl des Getriebenseins verstärkt. Er nimmt dies bewußt wahr und versucht, den Ursachen auf den Grund zu kommen. Dies probiert er aber auf die typische „Affen-Art": Er praktiziert Meditation, liest Bücher über Psychologie, hat eine Phase, in der er gläubig ist, dann wieder zieht es ihn eher zum Atheismus. Manche Menschen glauben daher, daß der Affe-Geborene oberflächlich sei; das ist jedoch völlig falsch. Ganz im Gegenteil: „Affen" suchen − wenn auch auf ihre ganz eigene Art − nach Tiefe und Erkenntnis. Und ihre Sprunghaftigkeit ist in gewisser Weise nicht ganz unlogisch: Sie wollen eben *alles* ausprobieren, weil dann die Wahrscheinlichkeit, auf das Richtige, das *wirklich Wichtige* und Bedeutsame zu stoßen, größer ist.

Dabei übersehen „Affen" jeoch einen ganz wesentlichen Punkt: Vielleicht ist es ja gar nicht so wichtig, *was* man tut, sondern *wie* man es tut. Vielleicht liegt gerade in der Vervollkommnung auf einem Gebiet die Befriedigung − und das wird man erst für sich herausfinden, wenn man sich lange Zeit *beständig* mit einer Sache befaßt. Gerade damit hat aber der „Affe" seine Probleme.

Die Vielseitigkeit und Schlauheit des Affen-Geborenen machen es ihm im Leben relativ leicht. Er schafft es, auch aus schwierigen Situationen, in denen andere Menschen aufgeben würden, Auswege zu finden. Man kann viel von ihm lernen, weil er meist auf vielen Gebieten mitreden kann − zumindest, wenn sich kein Experte unter den Gesprächspartnern befindet. Sein Wissen ist in der Regel recht breit gestreut, doch arrogant wird er deshalb nicht. Er folgt Sokrates' Motto: ,,Ich weiß, daß ich nichts weiß", und bleibt bescheiden, denn er ist sich durchaus bewußt, daß seine Kenntnisse nicht besonders tief reichen.

Der ,,Affe" setzt seine Klugheit gerne ein, um anderen beizustehen. Dabei macht er große Unterschiede zwischen seinen *wirklichen* Freunden und bloßen Bekanntschaften. Wahre Freundschaft bedeutet ihm viel, und auf diesen Bereich trifft seine Wechselhaftigkeit überhaupt nicht zu. Es fällt ihm zwar schwer, auf andere einzugehen, aber wenn er mit jemandem wirklich vertraut ist, kann er auch ein guter Gesprächspartner sein.

Menschen, die unter dem Zeichen des Affen geboren sind, hinterlassen für gewöhnlich einen guten ersten Eindruck. Sie sind charmant und verfügen über ein beträchtliches Maß an sozialer Intelligenz. Bei Menschen, die ihnen nicht sympathisch sind, setzen sie diese Intelligenz allerdings mitunter ein, um die anderen zu täuschen. Dann können ,,Affen" ziemlich hinterlistig sein; sie sind auch nicht selten an Intrigen beteiligt. Meistens sind sie allerdings recht gutmütig. Aber ihre Wechselhaftigkeit tritt eben doch immer wieder hervor.

,,Affen" sind Forscher. Wenn sie sich aufmachen, ihr Inneres zu erkunden und es ihnen gelingt, zu etwas mehr Beständigkeit zu finden, werden sie ein sehr reiches und erfülltes Leben genießen können.

Liebe und Gefühle

,,Affen" sind — wie schon ausgeführt wurde — recht sprunghaft. Das wirkt sich natürlich auch auf ihr Liebesleben aus. Wenn sie jung sind, wechseln sie ihre Partner in der Regel ziemlich häufig.

Sie üben oft eine große Anziehungskraft auf das andere Geschlecht aus. Ihre Ruhelosigkeit, ihre Aktivität, ihre Neugier und natürlich auch ihr charmantes Wesen lassen sie zunächst sehr interessant erscheinen; doch nach einer Weile wird es den meisten Menschen zuviel. Und auch der „Affe" verliert ziemlich schnell das Interesse, wenn es nichts Neues mehr zu entdecken gilt. Daß es aber in einer Beziehung immer wieder etwas Neues zu entdecken gibt, wenn sich die Partner nicht auseinanderleben und sich miteinander beschäftigen, finden Affen-Geborene meist heraus, wenn sie etwas älter sind. Nicht etwa deshalb, weil sie dann ruhiger wären und ihre Neugier nachließe; nein, sie haben nur aus ihren vielen Erfahrungen den richtigen Schluß gezogen.

Menschen, die in Jahren des Affen geboren sind, geben zwar zunächst einmal recht interessante Gesprächspartner ab, doch die Tatsache, daß es ihnen so schwerfällt, auf andere wirklich einzugehen, führt natürlich in Partnerschaften häufig zu Problemen. „Affen" können recht gut zuhören – allerdings nur kurze Zeit, dann schalten sie ab und wenden ihre Aufmerksamkeit woanders hin.

Die persönliche Entwicklung des „Affen" hängt ziemlich stark von einer guten Beziehung ab. Ein Partner, der ihn gut ergänzt, ihm dabei hilft, zu etwas mehr Ausdauer zu gelangen und der darüber hinaus über die notwendige Toleranz verfügt, die man für eine Partnerschaft mit Affen-Geborenen braucht, wird die besten Seiten in ihm zutage fördern.

Die Beziehungen zu den anderen Zeichen

Ratte

Affen- und Ratten-Geborene sind erstaunlicherweise sehr gute Partner. Meist gibt es gewisse Anfangsschwierigkeiten, weil beide nicht leicht auf andere Menschen eingehen können. Sie geraten sich wahrscheinlich häufig in die Haare, versöhnen sich aber schnell wieder, so daß sie letztlich doch ganz gut miteinander auskommen.

Büffel

„Affe" und „Büffel" bilden ein sehr ungleiches Paar. Auf intellektueller Ebene ergänzen sie sich recht gut, aber in allem, was Gefühle betrifft, leben sie einfach in verschiedenen Welten und aneinander vorbei – hier stößt der ,,Büffel'' mit seiner Geduld an eine schwer überwindbare Grenze.

Tiger

Menschen, die in Jahren des Affen und des Tigers geboren sind, stellen die denkbar ungünstigste Kombination dar. Das intellektuelle Forschen des ,,Affen'' ist dem ,,Tiger'' fremd. Er vermißt in ihm das Gefühl – womit er dem weitverbreiteten Irrtum zum Opfer fällt, daß intellektuelle Menschen weniger Gefühle hätten. Seitens des ,,Affen'' spielt seine Eifersucht eine große Rolle. Er bewundert den ,,Tiger'' zwar insgeheim, aber er kann mit dessen spirituellem Eifer nichts anfangen.

Hase

Die Konstellation ,,Affe – Hase'' fällt jedes Mal wieder anders aus. Eine Partnerschaft zwischen ihnen kann ebenso glücklich wie unglücklich verlaufen. Immerhin besitzen beide Zeichen eine ähnliche Art von Neugier. Allerdings tendiert der ,,Hase'' zu mehr Genauigkeit; wenn es ihm gelingt, den ,,Affen'' zu ein bißchen mehr Ausdauer zu motivieren, kann eine sehr interessante Beziehung zustandekommen.

Drache

,,Affen'' fühlen sich von ,,Drachen'' magisch angezogen. Dabei sind die beiden Zeichen sehr gegensätzlich. Vielleicht ist es gerade diese Unterschiedlichkeit, die sie so starkt anspricht? Der ,,Affe'' kann jedenfalls mit einem ,,Drachen'' als Partner sehr glücklich werden: Diese Beziehung bleibt nicht nur spannend, sondern erweitert auch die Möglichkeiten des ,,Affen''.

Schlange

Affen- und Schlangen-Geborene verstehen sich gut. Es ist allerdings mehr eine intellektuelle Partnerschaft, wenn sie sich nicht intensiv umeinander bemühen. Beide können aber durchaus voneinander lernen.

Pferd

„Affen" und „Pferde" sind auf Dauer gesehen meist keine guten Partner. Der „Affe" durchschaut sehr schnell die Ich-Zentriertheit des „Pferdes" und macht sich darüber lustig — womit er natürlich einen sensiblen Punkt beim „Pferd" trifft, das dann entsprechend sauer reagiert. Eine Beziehung zwischen „Pferd" und „Affe" ist meist von fortwährendem Streit geprägt.

Ziege

„Affen" können zwar schwer auf andere eingehen, doch die Sanftheit und beharrliche Zuwendung der „Ziegen" lassen sie auftauen. Deswegen kommen die beiden Zeichen auch ziemlich gut zurecht. Für die „Ziege" wirkt sich die Beziehung zum „Affen" günstig aus, weil er durch seine analytische Klugheit oft schnell ihre Probleme erkennt und ihr dabei hilft, sie zu überwinden.

Affe

„Affen" schließen mit anderen „Affen" schnell eine Freundschaft, die sehr dauerhaft und fruchtbar sein kann. Was Liebesbeziehungen betrifft, sieht es dagegen ganz anders aus: Jeder verstärkt dann eher die Unruhetendenzen im anderen, beide suchen zwar nach Neuem, aber letztendlich suchen sie darin ja doch das Beständige — und das werden sie in einem anderen „Affen" kaum finden.

Huhn

Huhn- und Affe-Geborene können viel miteinander lachen. Sie haben einen ziemlich ähnlichen Sinn für Humor — und das ist etwas, das in einer Partnerschaft sicherlich von großer Bedeutung ist, wenn sie länger halten soll. Zwei Dinge sind es, bei denen sich ,,Huhn'' und ,,Affe'' in die Haare geraten können: Der ,,Affe'' macht sich gerne über die Neigung des ,,Huhns'' zur Exzentrik lustig und trifft damit dessen Schwachpunkt; und das ,,Huhn'' reagiert zu schnell eifersüchtig, was wiederum den ,,Affen'' eher forttreibt als hält.

Hund

,,Affen'' und ,,Hunde'' finden nur schwer zueinander. Der gutmütige ,,Hund'' bietet dem ,,Affen'' stets einen Anlaß auszuprobieren, ob er ihn nicht doch noch auf die Palme bringen kann – und das gelingt ihm schließlich auch (wenn man auch nur selten Hunde auf Palmen antrifft).

Schwein

Anfangs sieht eine Beziehung zwischen Affe- und Schwein-Geborenen ähnlich aus wie eine zwischen Affe- und Hund-Geborenen: Der ,,Affe'' versucht, die Grenzen des ,,Schweins'' zu erkunden. Doch nimmt die Sache hier einen anderen Verlauf. Das ,,Schwein'' ist zu geradlinig, um dem ,,Affen'' allzu viele Angriffspunkte zu bieten. Außerdem eröffnet das ,,Schwein'' dem ,,Affen'' mehr als die meisten Zeichen die Gelegenheit, neue Erfahrungen zu machen. Die Suche des Schwein-Geborenen nach Wahrheit harmoniert sehr gut mit dem Forscherdrang des Affen-Geborenen.

Beruf

Menschen des Zeichens ,,Affe'' sind sehr flexibel, was das Berufliche angeht. Wichtig ist ihnen natürlich, daß sie eine abwechslungsreiche Tätigkeit haben. Aber wenn das der Fall ist, werden sie ihre Position gut ausfüllen. Nur wenn Langeweile aufkommt, werden ,,Affen'' ungemütlich und unzuverlässig.

Die Vielseitigkeit des Affe-Geborenen sollte gerade auch im beruflichen Bereich aktiv genutzt werden. Während sich die meisten Menschen unwohl fühlen, wenn dauernd Neues auf sie einströmt und sie ihre Gewohnheiten ständig ändern müssen, so kommt das für den „Affen" gerade richtig. Dabei muß sich am äußeren Rahmen nicht unbedingt soviel ändern; Berufe, in denen es notwendig ist, das eigene Denken den Gegebenheiten anzupassen und sich Neuem nicht zu verschließen, sind für den Affen-Geborenen ideal. In der Forschung fühlen sie sich beispielsweise in der Regel wohl; allerdings nur dann, wenn sich in nicht allzu großen Abständen auch Erfolgserlebnisse einstellen. Wenn sich Forschungsprojekte über Jahre oder gar Jahrzehnte erstrecken, werden „Affen" kaum ständig mit ganzem Herzen bei der Sache sein.

Affen-Geborene sind meist recht gute Handwerker. Dinge herzustellen oder zu reparieren liegt ihnen: Sie haben ein Problem vor sich, das es zu lösen gilt, nehmen es in Angriff und können relativ kurzfristig einen Weg finden und zur nächsten Aufgabe übergehen.

Wenn „Affen" gelernt haben, sich etwas besser in Menschen einzufühlen, eignen sie sich auch als Ärzte. Sie beobachten gut und setzen sich dafür ein, die beste Lösung zu finden. Besonders als Chirurgen können sie Hervorragendes leisten.

Wenn sich ein „Affe" bei seiner Tätigkeit langweilt, sollte er sich gut überlegen, ob er sich nicht besser nach einem anderen Job umsähe. Natürlich fällt eine solche Entscheidung nie leicht; doch für den „Affen" ist Eintönigkeit letztendlich unerträglich, und er müßte sich selbst aufgeben, wenn er versuchte, sie zu ertragen.

Geld

Affen-Geborene sind auch in Geldangelegenheiten ziemlich wechselhaft. Manchmal scheinen sie die begnadeten Finanzjongleure zu sein — stets mit einem glücklichen Händchen versehen. Alles, was sie in Angriff nehmen, gelingt ihnen, und sie scheinen fast schon hellseherische Fähigkeiten zu besitzen, wenn es um das Erkennen von Entwicklungen geht.

Doch plötzlich verlieren sie das Interesse an Finanzangelegenheiten — und dann geht es bergab. Alles, was zuvor problemlos klappte, läuft nun schief. Das Glück scheint sich gewendet zu haben. Aber es ist eben *nicht* Glück, was dem „Affen" fehlt, sondern *echtes Interesse*.

„Affen" können mit Geld umgehen, wenn finanzielle Transaktionen sie gerade interessieren, und sie sollten sich davon fernhalten, wenn sie Geld momentan nur als Zahlungsmittel ansehen. In Finanzberufen ist es aus diesen Gründen mit Affen-Geborenen so eine Sache: Ebenso schnell, wie sie große Gewinne einfahren, können sie auch Verluste machen.

Insgesamt gesehen tendieren „Affen" eher zu leichtsinnigem Umgang mit Geld. Sie kennen ihre Veranlagung nur zu gut. Die Schwierigkeit liegt aber darin, daß sie — wenn sie auch im Grunde kein Interesse mehr am *Umgang* mit Geld haben — verständlicherweise immer noch Interesse an dessen *Besitz* und den Annehmlichkeiten haben, die ihnen Geld ermöglicht. Doch das ist eben nicht dasselbe!

Affen-Geborene sollten sich dies bewußtmachen, um Probleme zu vermeiden. Im Zweifelsfall sollten sie mit Geld eher zurückhaltend umgehen.

Die Entwicklung

Die seelische Entwicklung des Affen-Geborenen ist entsprechend seinem Charakter ziemlich sprunghaft. Doch er entwickelt sich meist bis ins Alter weiter. Stillstand ist nicht seine Sache.

Die Rastlosigkeit des „Affen" hat durchaus auch positive Seiten: Er lernt vieles kennen, kann unterschiedliche Standpunkte einnehmen und sich im Laufe der Jahre ein immer besseres Bild von den Zusammenhängen des Lebens, vom großen Ganzen machen.

Dennoch ist es für den „Affen" wichtig, irgendwann einmal zu etwas mehr Ruhe und Beständigkeit zu finden. Denn das rastlose Suchen hat natürlich nur dann einen tieferen Sinn, wenn klar ist, *wonach* gesucht wird — und wenn es er-

kannt wird, sobald man darauf stößt. „Affen" sind aber –
vor allem in jungen Jahren – einfach von dem inneren
Drang, neue Erfahrungen zu machen, getrieben, ohne daß
ein Ziel dahintersteckt. Für kurze Zeit mag selbst das sinnvoll sein, denn vielleicht dauert es durchaus eine Weile, bis
sich aus den vielen Möglichkeiten ein lohnendes Ziel heraus-
kristallisiert.

Wenn Affen-Geborene sich allerdings als reife Erwachsene – etwa mit Mitte Dreißig – immer noch innerlich so getrieben fühlen, sollten sie das zum Anlaß nehmen, in dieser
Hinsicht an sich zu arbeiten.

Gute und schlechte Jahre

Bei Affen-Geborenen verlaufen gute und schlechte Jahre
meist völlig extrem – von sehr gut bis deutlich schlechter.
Es läßt sich aber nur andeutungsweise etwas darüber sagen,
da die Einflüsse der Tierzeichen von den wechselnden Inter-
essen des „Affen" überlagert werden.

Tendenziell fällt es „Affen" jedoch in Jahren des Tigers
und des Büffels besonders schwer, ihre Ideen und Vorhaben
in die Realität umzusetzen. In Jahren des Huhns, der
Schlange und des Pferdes gelingen ihnen dagegen die meisten Dinge leicht – wenn sie nicht zu leichtsinnig sind (die
„Affen" – nicht die Jahre). Insbesondere finanzielle Dinge
sollten „Affen" in Jahren der Schlange erledigen.

In Jahren des Hundes und des Hasen stehen die Zeichen
besonders günstig für die seelische Entwicklung des „Affen".

Berühmte Persönlichkeiten

Das Universalgenie Leonardo da Vinci demonstriert sehr gut,
wozu Affen-Geborene im Idealfall fähig sind. Er war nicht
nur einer der größten Künstler, sondern auch Wissenschaftler und Erfinder. Von ihm stammen unter anderem die ersten Entwürfe für ein Unterseeboot und für einen Hubschrau-

ber — im *16. Jahrhundert!* Leonardo war einerseits extrem vielseitig, es gelang ihm andererseits aber auch, das entsprechende Maß an Beständigkeit zu entwickeln, das für große Leistungen so wichtig ist. Seine Entwicklung wurde von den anderen Einflüssen zum Zeitpunkt seiner Geburt begünstigt: Wasser — das Symbol der Tiefe — war das herrschende Element, und sein Geburtsmonat war der Monat des Hasen.

Zwei berühmte Schriftsteller unter den Affen-Geborenen waren Ian Fleming — der ,,Vater'' von James Bond — und J. M. Barrie, aus dessen Feder die phantastische Geschichte von Peter Pan stammt.

Ein ,,Affe'', der die rastlose Suche nach neuen Zielen deutlich zeigt, ist der größte lebende Alpinist und Abenteurer, Reinhold Messner.

Auch Jesus Christus wäre — wenn die westliche Zeitrechnung stimmte — ein Affe-Geborener gewesen. Sein Charakter läßt dies allerdings als sehr zweifelhaft erscheinen. Jesus war viel eher ein ,,Tiger'' oder ein ,,Drache''. Als tatsächliche Geburtsjahre kämen also die Jahre 6, 8, 18 oder 20 ,,nach Christi Geburt'' in Frage.

Gesundheit

Affen-Geborene leiden überdurchschnittlich stark unter körperlichen Schmerzzuständen, insbesondere Kopfschmerzen. Sie sind ein wenig wehleidig. Doch das ändert nichts an der Tatsache, daß sie durch ihre Sensibilität für Schmerzen oft Einbußen in ihrer Lebensqualität hinnehmen müssen, wenn sie nichts dagegen unternehmen.

Die Meridianbehandlung

Affen-Geborene sollten regelmäßig ihren Blasenmeridian behandeln. Man massiert die vier in der Abbildung eingezeichneten Punkte für jeweils sieben Sekunden mit starkem Druck — und beginnt mit dem Punkt am kleinen Zeh.

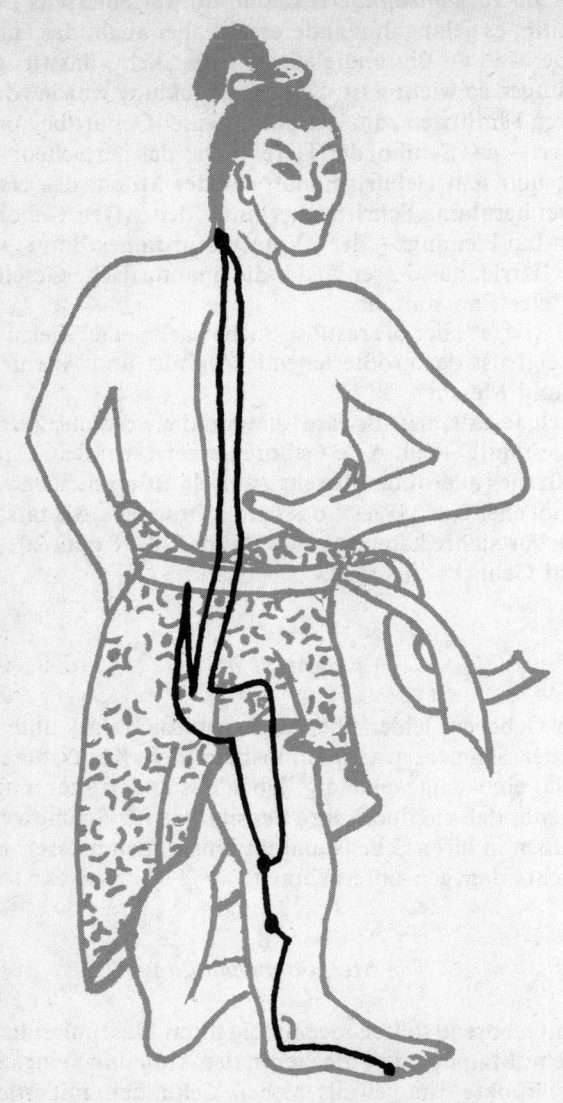

Abb. 9: Blasenmeridian

Das Zeichen des Huhns

In westlichen Büchern über chinesische Astrologie wird „ji" oft mit „Hahn" übersetzt; die eigentliche Bedeutung ist jedoch „Huhn", was sowohl das männliche als auch das weibliche Tier bezeichnet. Das Huhn ist in China ein Glückssymbol. Bei ihm überwiegt die Yin-Energie – das passive, empfangende Prinzip. Ein Jahr des Huhns bringt gute Ernten und geschäftlichen Erfolg. Die Glückszahl des Huhns ist die „5", seine Farbe ist Hellgrün.

Charakter: Anlagen und Möglichkeiten

Bei Huhn-Geborenen besteht ein besonders beachtlicher Unterschied zwischen den Geschlechtern: Während sich unter weiblichen Huhn-Geborenen ausgesprochen starke Frauen befinden, ist bei männlichen Huhn-Geborenen oft eine gewisse Exzentrik im Verhalten zu beobachten. Huhn-Geborene tragen aber in jedem Fall – egal welchen Geschlechts – große Energien in sich, mit deren Hilfe sie Dinge in Schwung bringen und etwas in der Welt bewegen können. Während weibliche Huhn-Geborene ihre Energie relativ unauffällig einsetzen, geht es bei Männern dieses Zeichens selten ohne großartige Gesten ab.

Gerade Männer, die in Jahren des Huhns geboren sind, streben oft mit aller Kraft nach Großem. Sie sind nicht so leicht zufriedenzustellen und wünschen stets, mehr zu erreichen – oft mehr, als ihnen guttut. In gewisser Weise ist das auch positiv, weil dieser innere Trieb zu Höherem dazu führt, daß sie in ihrer Entwicklung nicht stehenbleiben. Doch ständig das hohe Ziel vor Augen zu haben kann auf Dauer ziemlich anstrengend sein – vor allem für die Mitmenschen. Huhn-Geborene versetzen sich nicht selten in eine Traumwelt, in der sie bereits vieles von dem, was sie anstreben und darstellen wollen, erreicht haben; sie berichten dann ihren staunenden Mitmenschen von ihren großen Taten – doch zumeist werden sie als Aufschneider und Prahler durchschaut.

Wenn sie sich allzusehr in diese Phantasiewelt hineinsteigern, hat das für sie die nachteilige Folge, daß sie den positiven Antrieb verlieren – in ihrem Kopf haben sie ja bereits alles erreicht.

Daß es auch bei Huhn-Geborenen anders geht, beweisen vor allem die weiblichen Wesen dieses Zeichens. Sie verspüren zwar einen ebenso starken Drang nach Höherem, aber nicht danach, sich derart zu produzieren wie die Männer. Auch sie unterliegen häufig der Gefahr, daß sie ihre Ziele in einer Traumwelt vorwegnehmen, doch sie tragen diese Träume nicht an andere heran, sondern genießen einfach die Vorstellung, Großes erreicht zu haben. Die Auswirkungen gehen zwar auch in die Richtung, daß sie durch ihre Träumereien etwas von ihrem positiven Antrieb verlieren, sind aber nicht so gravierend wie bei den männlichen Huhn-Geborenen.

Dem Drang der Huhn-Geborenen, hochgesteckte Ziele zu erreichen, kommen ihre wertvollen Anlagen zugute, die dies auch tatsächlich ermöglichen. Zunächst einmal mangelt es ihnen kaum einmal an Selbstvertrauen. Wenn man sich selbst nicht vertraut, ist es ziemlich schwer, etwas zu erreichen. Vor allem, wenn man auch noch andere Menschen motivieren soll, benötigt man Selbstvertrauen. Denn andere können einem nur sehr schwer Vertrauen entgegenbringen, wenn man es selbst nicht einmal in sich besitzt. Huhn-Geborene kennen dieses Problem nicht – allerdings geht ihr Selbstvertrauen teilweise über ein gesundes Maß hinaus (auch diese Eigenschaft ist bei Männern meist stärker ausgeprägt).

Manchmal zeigt sich der sehr nach außen gewandte Charakter der Huhn-Geborenen in einer gewissen Eitelkeit. Sie stehen gerne vor dem Spiegel, feilen an ihrem Äußeren und legen viel Wert auf schöne Kleidung – wobei sie weniger der Mode folgen, sondern vielmehr Modetrends in Gang bringen.

Huhn-Geborene besitzen meist viele Ecken und Kanten, was sich im zwischenmenschlichen Bereich schnell zeigt. Die Gefühle anderer Menschen ihnen gegenüber neigen auffallend extrem in zwei klare Richtungen: Entweder lieben sie das ,,Huhn'', oder sie hassen es. In der Regel trägt das

„Huhn" selbst einen großen Teil dazu bei, daß sich die Gefühle anderer derart polarisieren. Es neigt nämlich dazu, ziemlich taktlos zu sein. Selbst ist es kaum empfindlich, wenn es von jemandem kritisiert wird, also erwartet es das auch von anderen. Die Kritiklust des „Huhns" ist recht stark ausgeprägt, und meist trifft sie auch, denn es hat die Fähigkeit, Situationen, Menschen und Charaktere ziemlich gut zu analysieren. Wenn Huhn-Geborene anderen Menschen dann den Spiegel vorhalten, ist das für manchen zu viel.

Dennoch haben Menschen, die in Jahren des Huhns geboren sind, mehr Freunde als Feinde; erstens sind sie meist sehr amüsant und witzig, was schon manchmal über eine peinliche Situation hinweghilft; und zweitens sparen Huhn-Geborene auch nicht mit Selbstkritik. Daher nimmt man ihnen auch ihre Kritik an anderen nicht ganz so übel.

Wenn Huhn-Geborene ihre Kraft dazu einsetzen, an den Punkten, die sie selbstkritisch erkennen, zu arbeiten, und wenn sie versuchen, in ihre zwischenmenschlichen Beziehungen statt negativer Kritik etwas mehr Wärme einzubringen, wird es ihnen noch leichter fallen, ihr Ziel zu erreichen.

Liebe und Gefühle

Kaum jemand ist so schnell auf den ersten Blick verliebt wie ein Huhn-Geborener. Es kommt sogar oft vor, daß der auserwählte Partner ganz gut zu ihm paßt. Huhn-Geborene verfügen in dieser Hinsicht über eine gute Intuition. Aber bis sich ein wirklich passender Partner findet, kann schon einige Zeit vergehen – Idealpartner finden sich ja nicht wie Sand am Meer. Und diese Wartezeit verkürzen sich Huhn-Geborene gerne mit Abenteuern.

Trotz ihrer Kritikfreudigkeit und teilweise ziemlich deutlichen Taktlosigkeit fällt es ihnen ziemlich leicht, andere für sich einzunehmen. Huhn-Geborene sind nämlich auch gute Schauspieler (allerdings fehlt ihnen zum Beruf des Schauspielers das Einfühlungsvermögen), und sie stellen sich – wenn sie jemanden kennenlernen, der sie interessiert – von ihrer besten Seite dar. Sie sind gute Gesellschafter und gern gesehene Partygäste – ja, richtiggehende „Partylöwen" findet man unter Huhn-Geborenen (insbesondere unter den männlichen).

Bis zu einer Dauerbeziehung müssen Huhn-Geborene sich allerdings einige Zeit gedulden. Sie sind als Partner ziemlich anstrengend, nicht nur wegen ihrer bereits angesprochenen Kritiklust, sondern auch wegen ihrer unvorhersehbaren Gefühlsschwankungen. Es ist nicht leicht vorherzusehen, wie ein Huhn-Geborener auf bestimmte Ereignisse reagiert – nicht einmal für diesen selbst. Auch das exzentrische Verhalten von Männern dieses Zeichens kann in einer Partnerschaft zum Problem werden. Dazu kommt, daß Huhn-Geborene ziemlich eifersüchtig sind – ob nun ein Anlaß besteht oder nicht.

Alles in allem tut der Huhn-Geborene gut daran, sich nicht zu früh zu binden, sondern auf den richtigen Partner zu warten. Dabei kann er ruhig seiner Intuition vertrauen. Um eine harmonische Beziehung zu erreichen, sollte er aber auch an sich selbst arbeiten und versuchen, etwas mehr Einfühlungsvermögen zu entwickeln.

Die Beziehungen zu den anderen Zeichen

Ratte

Bei Ratte- und Huhn-Geborenen vermutet man zunächst nicht unbedingt, daß die beiden recht gut zueinander passen. Das exzentrische Wesen des „Huhns" spricht aber das ästhetische Empfinden der „Ratte" an, vor allem da Menschen, die im Zeichen des Huhns geboren sind, auch über eine gehörige Portion Humor und Selbstironie verfügen, was der „Ratte" meist sehr gefällt.

Büffel

„Huhn" und „Büffel" sind sehr verschieden. Allerdings wirkt sich dies meist positiv aus. Insbesondere dann, wenn der „Büffel" ein Mann und das „Huhn" eine Frau ist, hilft die Stärke der Frau dem Mann, seine Trägheit zu überwinden. Ist hingegen der Mann ein „Hahn" und die Frau ein „Büffel", leben sich die beiden wahrscheinlich mit der Zeit auseinander.

Tiger

„Tiger" und „Huhn" bilden selten ein glückliches Paar. Das Kritische des „Huhns" irritiert den „Tiger", der es gewohnt ist, auf seine innere Stimme zu hören — über die sich das „Huhn" schnell lustigmacht.

Hase

„Huhn" und „Hase" ergeben eine ziemlich schwierige Konstellation. Die ichbezogene Exzentrik des „Huhns" ist einfach zu viel für das Harmoniebedürfnis des „Hasen". Sie verlieben sich zwar leicht in Huhn-Geborene, doch die Enttäuschung folgt oft ebenso schnell.

Drache

Insbesondere die Taktlosigkeit des „Huhns" stellt in einer Beziehung mit einem „Drachen" ein großes Problem dar; ebenso seine Kritiklust — wenn der „Drache" etwas schlecht vertragen kann, dann ist es Kritik — auch wenn er das nie zeigen würde. Mit den häufigen Gefühlsschwankungen des „Huhns" kann der „Drache" für gewöhnlich nicht umgehen.

Schlange

Eine der Überraschungen, für die Schlangen-Geborene immer wieder sorgen, ist, daß sie sich mit Huhn-Geborenen am allerbesten verstehen. Vielleicht ist die Exzentrik des „Huhns" der Rätselhaftigkeit der „Schlange" verwandt? Beide profitieren in einer Partnerschaft voneinander: die „Schlange" vom analytischen, kritischen Denken des „Huhns" und dieses von der Tiefsinnigkeit der „Schlange".

Pferd

Obwohl Huhn-Geborene ebenso egozentrisch sind wie „Pferde", verstehen sich die beiden Zeichen meist recht gut. Beim „Huhn" fällt es dem „Pferd" ausnahmsweise einmal leicht, sich in den anderen hineinzuversetzen. Die beiden Zeichen könnten übrigens geschäftlich erfolgreiche Verbindungen eingehen.

Ziege

Huhn-Geborene sind für Menschen des Zeichens „Ziege" zu sprunghaft und zu exzentrisch. Wenn das „Huhn" nur *etwas* mehr Beständigkeit in seinem Gefühlsleben zeigte, ergäben die beiden vielleicht eine gute Konstellation. Problematisch ist auch die Verbindung aus der Kritikfreudigkeit des „Huhns" und der Kritikangst der „Ziege".

Affe

Huhn- und Affen-Geborene können viel miteinander lachen. Sie haben einen ziemlich ähnlichen Sinn für Humor — und das ist etwas, das in einer Partnerschaft — wenn sie länger halten soll — sicherlich von großer Bedeutung ist. Zwei Dinge sind es, bei denen sich „Huhn" und „Affe" in die Haare geraten können: Der „Affe" macht sich gerne über die Neigung zur Exzentrik im „Huhn" lustig und trifft damit einen Schwachpunkt, und das „Huhn" reagiert zu schnell eifersüchtig, was den „Affen" eher forttreibt als hält.

Huhn

Ein „Huhn-Paar" kann relativ leicht eine dauerhafte Beziehung aufbauen. Zwar werden Streitereien an der Tagesordnung sein, doch letztendlich werden die Gewitterwolken so schnell verschwinden, wie sie aufgezogen sind.

Hund

,,Hund" und ,,Huhn" stellen sehr verschiedene Zeichen dar, und dennoch verstehen sie sich in der Regel. ,,Hunde" können die Kritik des ,,Huhns" ganz gut vertragen; sie sind so gutmütig, daß sie über diese Vorliebe gerne hinwegsehen. Für Huhn-Geborene wirkt sich ein Partner des Zeichens ,,Hund" sehr förderlich für seine seelische Entwicklung aus.

Schwein

Schweine- und Huhn-Geborene vertragen sich nicht. Das ,,Schwein" ist von dem inneren Drang nach Wahrheit beseelt und ist ein ehrlicher und geradliniger Typ – das Gegenteil des ,,Huhns". Gerade für die Aufschneidereien des ,,Huhns" hat das ,,Schwein" überhaupt kein Verständnis.

Beruf

Huhn-Geborene entwickeln meist großen beruflichen Ehrgeiz. Ihr Schwung und Elan befördert sie oft in hohe Positionen. Es ist für Menschen, die unter dem Zeichen des Huhns geboren wurden, allerdings wichtig, bei der Wahl ihres Berufes wirklich ihre Fähigkeiten zu berücksichtigen und nicht spontan den Beruf, der mit dem höheren Ansehen verbunden ist, zu wählen.

Huhn-Geborene sind wahrscheinlich für Berufe, bei denen es auf das Zwischenmenschliche ankommt, weniger geeignet und werden ihre Fähigkeiten nicht angemessen entwickeln können. Als Arzt, Psychologe, Lehrer oder Berater sind sie meist nicht an der richtigen Stelle. Ihr Sinn für Humor wird von anderen Menschen nicht immer geteilt, insbesondere da er schnell eine ironische Färbung annimmt.

Huhn-Geborene können ihr Potential am besten entfalten, wenn sie im Mittelpunkt stehen und die Marschrichtung angeben. Auch Aufgaben, bei denen es darauf ankommt, kritisch und genau Tatsachen zu analysieren und Konsequenzen zu formulieren, bewältigen sie meist erfolgreicher als andere. Das würde sie zu guten Wissenschaftlern machen; doch ihr Drang, sich in den Vordergrund zu spielen, steht ihnen bei der notwendigen Objektivität entgegen.

Aus vergleichbaren Gründen eignen sich Huhn-Geborene trotz ihres schauspielerischen Talents selten als Profischauspieler — sie stellen sich zu gerne in den Vordergrund, und es fehlt ihnen am Einfühlungsvermögen.

Ein Beruf, in dem Huhn-Geborene meist sehr glücklich werden und ihre positiven Eigenschaften zur Geltung bringen können, ist Journalist oder Reporter. Auch in der Modeindustrie und der Werbung kommen ihre Fähigkeiten gut zum Einsatz.

Geld

Menschen, die in Jahren des Huhns geboren sind, geraten relativ schnell in finanzielle Schwierigkeiten. Sie geben einfach zu gerne Geld aus — ihre Selbstdarstellung lassen sie sich schon etwas kosten. Sie lieben es, sich mit schönen und feinen Dingen zu umgeben — das beginnt bei teurer Kleidung, geht hin bis zu exklusiven Autos und endet beim Konkursgericht. Nun ja, das ist vielleicht etwas übertrieben, aber es ist kaum zu leugnen, daß Huhn-Geborene ein wenig leichtsinnig mit Geld umgehen.

Wenn sich das ,,Huhn'' ab und zu auf seine selbstkritischen Fähigkeiten besinnt, wird es auch selbst erkennen, daß etwas mehr Verläßlichkeit im Umgang mit Geld nicht falsch wäre. Doch damit ist es nicht getan — der Drang, zu zeigen, was man hat (auch wenn man es gar nicht hat) ist meist stärker als die vernünftige Einsicht.

Huhn-Geborene sind in Geldangelegenheiten oft auch einfach zu optimistisch. Sie neigen zu der Annahme, daß es sich immer lohnt, ein Risiko einzugehen. Natürlich ist dem nicht so — sonst würde man kaum von ,,Risiko'' sprechen. Doch völlig ohne den gelegentlichen ,,Kitzel'' des Risikos zu leben wäre ihnen zu langweilig. Am besten fahren Huhn-Geborene, wenn sie den goldenen Mittelweg wählen: Sie beschließen,

einen gewissen Prozentsatz ihres Einkommens für ihre hoch-
fliegenden Ideen und Projekte zu investieren, und halten dann
aber in jedem Fall dieses Limit ein. Das Geld, das sie bei ris-
kanten Geschäften oder im Spiel einsetzen, sollten sie als verloren betrachten – dann ist die Freude um so größer, wenn
ein Gewinn erzielt wird, und es besteht auch nicht so leicht
der Drang, sofort weiteres Geld dem verlorenen hinterher-
zuwerfen.

Insgesamt gesehen ist beim Huhn-Geborenen – auch was
seinen Umgang mit Geld betrifft – viel von seiner allgemeinen seelischen Entwicklung abhängig.

Die Entwicklung

Die Selbstbezogenheit und die Orientierung am Äußeren, die
dem ,,Huhn'' eigen sind, stellen gewisse Barrieren für seine
seelische Entwicklung dar. Allerdings könnte man statt ,,Bar-
rieren'' auch ,,Herausforderungen'' sagen: Wenn der Huhn-
Geborene um die Schwachpunkte seiner Persönlichkeit weiß,
kann er durch kritische Selbstbeobachtung – und das fällt
ihm glücklicherweise leicht – Hinweise darauf finden, wo
er an sich arbeiten sollte.

Natürlich ist nicht alles, was andere Menschen am Huhn-
Geborenen kritisch anmerken, unbedingt ein Fehler – beispielsweise seine Exzentrizität: Jemand, der sich exzentrisch
gibt, ist ja nicht nur ein eitler Selbstdarsteller und Egozentriker, sondern entwickelt auch eine gewisse Kreativität und
Eigenständigkeit der Persönlichkeit. Es kommt eben auf das
rechte Maß an.

Dem Huhn-Geborenen bekommt es ganz besonders gut,
wenn es ihm gelingt, anderen Menschen etwas besser zuzuhören. Und Zuhören heißt nicht, Aussagen zu sammeln, lo-
gisch auszuwerten und zu kritisieren, sondern sich klarzumachen, was die emotionale Botschaft des anderen hinter seiner Aussage ist.

Gute und schlechte Jahre

Um den beruflichen Ehrgeiz erfolgreich einzusetzen, eignen sich ganz besonders die Jahre des Pferdes. In diesen läuft für Huhn-Geborene fast alles wie von selbst. Allerdings sollten sie auch darauf aufpassen, sich nicht vollkommen an Äußerlichkeiten zu verlieren.

Am ausgewogensten verlaufen wohl die Jahre des Schweins und der Ziege; aber auch die Jahre des Hundes gestalten sich überdurchschnittlich positiv.

Lediglich Jahre, die unter dem Zeichen des Hasen stehen, bereiten dem ,,Huhn'' etwas Schwierigkeiten — allerdings sind sie für die seelische Entwicklung besonders förderlich.

Berühmte Persönlichkeiten

Die deutlichen charakteristischen Unterschiede zwischen männlichen und weiblichen Huhn-Geborenen zeigen sich auch in dem Vergleich zwischen berühmten Huhn-Geborenen.

Starke Frauen dieses Zeichens, die es weit gebracht haben, sind zum Beispiel die Herrscherinnen Katharina die Große und Maria Theresia sowie die Tenniskönigin Steffi Graf.

Bei den Männern sind es eitle, exzentrische, aber nichtsdestoweniger brillante Menschen, wie beispielsweise die großen Komponisten Richard Wagner und Giuseppe Verdi. In China gilt Meister K'ung (Konfuzius) als der berühmteste Huhn-Geborene.

Gesundheit

Das ,,Huhn'' leidet am häufigsten unter den typischen Erscheinungen von Überaktivität. Sein teilweise cholerisches Temperament wirkt sich auch auf den Stoffwechsel und die Organe aus. Insbesondere das Herz ist bei Huhn-Geborenen ein wenig gefährdet, wenn sie nicht lernen, die Dinge etwas gelassener anzugehen.

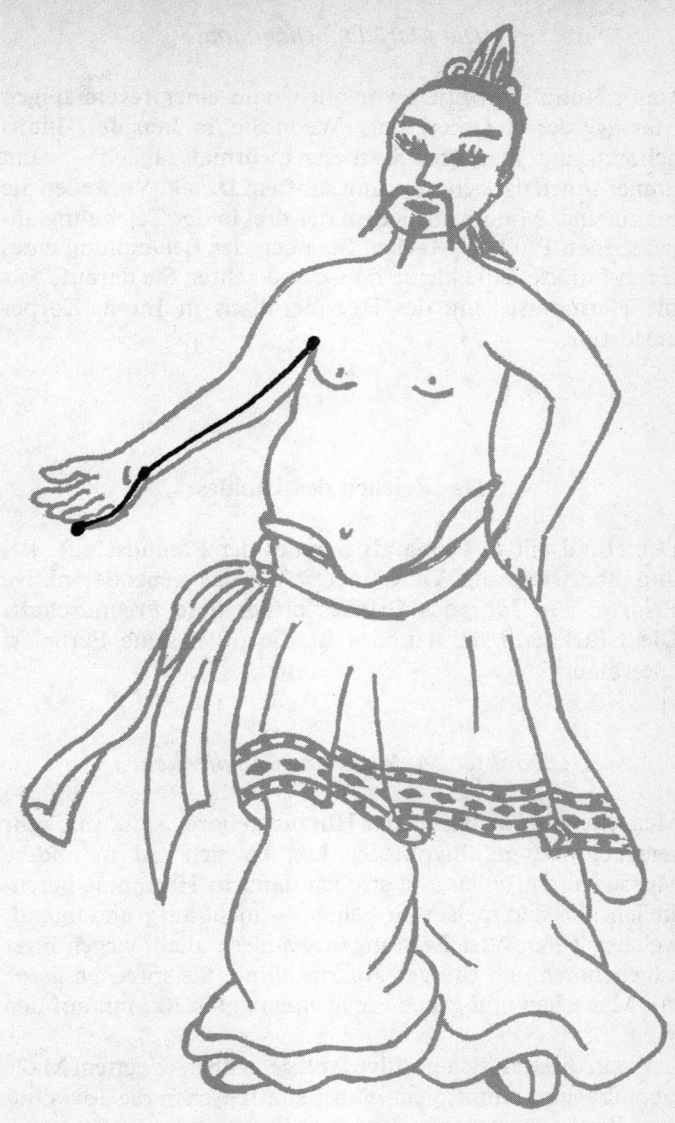

Abb. 10: Herzmeridian

Das „Huhn" profitiert vor allem von einer regelmäßigen Massage des Herzmeridians. Wenn Sie im Jahr des Huhns geboren sind, massieren Sie diesen mehrmals täglich — wann immer Ihnen danach ist — mit sanftem Druck. Verweilen Sie bis zu einer Minute auf jedem der drei in der Zeichnung angegebenen Punkte. Machen Sie nach der Behandlung eines jeden Punktes eine kleine Pause und achten Sie darauf, was die Harmonisierung des Herzmeridians in Ihrem Körper auslöst.

Das Zeichen des Hundes

Der Hund gilt in China als Symbol der Freundschaft. Bei ihm überwiegt die Yang-Energie — das gebende, aktive Prinzip. Ein Jahr des Hundes bringt tiefe Freundschaft. Die Glückszahl des Hundes ist die „8"; seine Farbe ist Meerblau.

Charakter: Anlagen und Möglichkeiten

Menschen, die in Jahren des Hundes geboren sind, sind sehr sensibel und gefühlvoll. Sie können sich gut in andere Menschen einfühlen und streben danach, Harmonie herzustellen. Sie sind meist sehr beliebt — nicht aufgrund irgendwelcher Taten oder Leistungen, sondern allein wegen ihrer angenehmen und ruhigen Ausstrahlung. Sie sprechen gerne mit Menschen und geben ihnen einen guten Rat mit auf den Weg.

Wenn diese an sich positive Anlage in übersteigertem Maße zum Tragen kommt, geht manchen Menschen die Jovialität des Hund-Geborenen auf die Nerven, und er empfindet sie als aufdringlich oder bevormundend. Dabei liegt dem

„Hund" nichts ferner, als andere zu bevormunden – eher das Gegenteil trifft zu: *Er* läßt sich gerne von anderen leiten. Hund-Geborene sind nicht gerade die typischen Führungspersönlichkeiten, sie fungieren eher als „zweiter Mann" – im besten Sinne: Sie sind diejenigen, die es anderen ermöglichen, Großes zu leisten, weil sie ihnen als aufrichtiger Freund und Berater zur Seite stehen.

Andere Menschen schätzen Hund-Geborene meist sehr, weil sie bei ihnen Verständnis und Trost finden. Sie können schnell einen Streit schlichten, unterschiedliche Meinungen ausgleichen, Kompromisse finden und Menschen zusammenführen. Wenn keine Harmonie herrscht, fühlen sich Hund-Geborene nicht richtig wohl, und sie können auch nur schwer verstehen, wie jemand anders denken kann. Sie übersehen, daß nicht jede Situation, jeder Streit, jede Meinungsverschiedenheit und jede Differenz eines harmonischen Ausgleichs bedarf, sondern gerade von der Spannung lebt. Ein Streit kann auch wie ein befreiendes Gewitter wirken, das die aufgeladene Atmosphäre wieder reinigt und frischen Wind bringt. Ohne ein wenig Blitz und Donner bliebe es wohl ruhig, aber drückend.

Dieses Problem des Hund-Geborenen ist tief in seinem Charakter verwurzelt und zeigt sich nicht nur in bestimmten Situationen mit anderen Menschen. Auch in sich selbst versucht er Harmonie herzustellen, was eigentlich sehr positiv ist – doch er unterscheidet dabei manchmal nicht zwischen wahrer und künstlicher Harmonie. Hund-Geborene neigen dazu, Gefühle in sich anzustauen, alles in sich hineinzufressen und bloß keine negativen Gefühle wie Wut, Frustration oder Ärger zu äußern – möglichst nicht einmal vor sich selbst. Sie sind Profis, wenn es darum geht, Unangenehmes zu verdrängen. Das Verdrängte löst sich allerdings nicht einfach auf, sondern wirkt im Unterbewußtsein des „Hundes" weiter.

Dies führt auch dazu, daß Hund-Geborene mit zunehmendem Alter einem Schwarzweißdenken verfallen, das es ihnen schließlich immer schwerer macht, sich in andere einzufühlen – was sehr schade ist, denn das ist ja eine der großen

Stärken des ,,Hundes". Im Alter können sie mitunter ziemlich verbohrt sein und stark auf ihrer Meinung beharren; zwar geben sie in einem Streit immer noch relativ schnell nach, doch man merkt ihnen an, daß sie es nicht ehrlich meinen. Das Sprichwort: ,,Einem alten Hund kann man keine neuen Tricks beibringen", trifft auch auf den Hund-Geborenen oft zu. Er sollte sich also rechtzeitig klarmachen, daß negative Gefühle ausgelebt werden müssen und daß genau dies letztendlich die Harmonie und vor allem die seelische Entwicklung mehr fördert als das Unterdrücken von Gefühlen.

Damit hängt auch die Tatsache zusammen, daß Hund-Geborene kaum einmal fordernd sein können. Sie neigen eher dazu, sich zurückzunehmen und nachzugeben. Dies sind zwar zunächst sehr positive Eigenschaften − aber nur dann, wenn sie in Maßen vorhanden sind; beim ,,Hund" herrschen sie oft zu stark vor. Er muß lernen, sich selbst in wichtigen Dingen zu behaupten und seine eigenen Bedürfnisse angemessen durchzusetzen.

An Hund-Geborenen fällt positiv auf, daß sie entschiedene Optimisten sind. Sie sehen in allen Dingen zunächst das Beste. Deshalb sind sie auch sehr vertrauensvoll und stecken es nur sehr schwer weg, wenn sie in ihrem Vertrauen enttäuscht werden. ,,Hunde" sind so loyal, zuverlässig und vertrauensvoll, daß sie sich kaum vorstellen können, wie jemand unzuverlässig sein und Vertrauen mißbrauchen kann. Nach einigen solcher Erfahrungen entwickeln Hund-Geborene oft ein gewisses Mißtrauen gegenüber Menschen, die sie noch nicht so gut kennen. Glücklicherweise bezieht sich dieses Mißtrauen nicht auf Freunde. Ihnen gegenüber bleibt der ,,Hund" stets treu und auch sehr großmütig, was ihre Fehler angeht. Wer einen Hund-Geborenen zum besten Freund hat, kann sich glücklich schätzen.

Liebe und Gefühle

Freundschaft geht den Menschen, die in Jahren des Hundes geboren sind, über alles. Sie suchen die Nähe zu anderen, denn nur im Kontakt mit Menschen sehen sie ihre Erfüllung. *Wenn* Aristoteles' Wort vom „zoon politikon" – vom Menschen als Gemeinschaftswesen – zutrifft, dann auf den Hund-Geborenen. Einsamkeit bedeutet für ihn wohl das größte Unglück.

Hund-Geborene suchen deshalb auch früh nach einer festen Bindung. Sie haben gerne eine große Familie und sind auch sehr liebevolle, wenn auch etwas konservative Väter und Mütter. Eine Ehe zwischen Hund-Geborenen dauert meist sehr lange. Ob die Partner allerdings glücklich werden, ist eine andere Frage. Sicherlich sind sie liebevoll, nachgiebig und zuverlässig – doch nicht jeder kann diese positiven Eigenschaften schätzen. Für manche Menschen ist die freundschaftliche Liebe des Hund-Geborenen nicht das, was sie sich von der großen Liebe erhoffen.

Es ist ja nicht so, daß Menschen, die unter dem Zeichen des Hundes geboren sind, langweilig wären; aber manch einer ist so wechselhaft und energiegeladen, daß Hund-Geborene ihnen auf Dauer nichts ständig Neues bieten können, so wie sie es wünschen. In solchen Beziehungen gibt es dann Streit, und der Hund-Geborene erweist sich als verständnisvoll, nachgiebig und großmütig – und genau das ist es, was dann den anderen forttreibt.

Wenn „Hunde" lernen, daß eine Beziehung auch von ausgetragenen Konflikten und nicht nur von grenzenloser Harmonie lebt und daß auch sie selbst sich einmal durchsetzen müssen, um für den anderen interessant zu bleiben, dann wird das ihre Liebesbeziehungen – aber auch ihre Beziehungen zu anderen Menschen – bereichern. Die Fähigkeit, Harmonie zu schaffen, gewürzt mit etwas mehr Durchsetzungsvermögen und Eigenständigkeit, ist ein guter Nährboden für eine erfüllte, dauerhafte Beziehung, wie Hund-Geborene sie suchen.

Ratte

Hund- und Ratte-Geborene finden nur sehr schwer zusammen. Die ,,Ratte" verbirgt ihre Gefühle, und der ,,Hund" neigt zu Mißtrauen Fremden gegenüber. So verstärken sich die abstoßenden Tendenzen. Gelingt es beiden Zeichen, diese erste Zeit zu überwinden, so kann eine feste Freundschaft entstehen, selten allerdings die große Liebe.

Büffel

,,Hund" und ,,Büffel" fühlen sich oft auf Anhieb wie ein Herz und eine Seele. Beide suchen nach Treue und einer festen Bindung, was jeder Partner auch geben kann. Eine Beziehung zwischen Hund- und Büffel-Geborenen verläuft meist äußerst harmonisch; es besteht lediglich die Gefahr, daß Probleme unter den Tisch gekehrt werden und sich dann natürlich anhäufen.

Tiger

Menschen des Zeichens ,,Hund" und ,,Tiger" verstehen sich sehr gut. Der ,,Tiger" liebt die Warmherzigkeit des ,,Hundes" und umgekehrt. Er liebt auch dessen Treue. In dieser Hinsicht gibt es natürlich mitunter kleinere Probleme, denn auch dem ,,Hund" ist Treue nicht unwichtig. Aber in den allermeisten Fällen arrangieren sich ,,Hund" und ,,Tiger" letztendlich.

Hase

,,Hund" und ,,Hase" führen meist eine sehr unproblematische Partnerschaft — allerdings auch eine ohne seelische Weiterentwicklung. Was beide Zeichen schließlich doch verbinden kann, ist ihr gemeinsamer Familiensinn. Es wäre aber beiden Zeichen sehr zu empfehlen, ab und zu einmal ,,die rosarote Brille" abzunehmen.

Drache

Der Drachen-Geborene ist wohl für den Hund-Geborenen der am wenigsten geeignete Partner. Das Fatale dabei ist, daß sich beide zunächst oft zueinander hingezogen fühlen. Jeder von ihnen sucht nach einer festen Bindung – und schon ist es geschehen.

Schlange

Hund- und Schlange-Geborene sind in der Regel zu verschieden, als daß es überhaupt zwischen beiden funken könnte. In den seltenen Fällen, in denen sich dennoch eine Beziehung entwickelt und auch einige Zeit überdauert, können beide Zeichen viel voneinander lernen – gerade *wegen* ihrer Verschiedenartigkeit.

Pferd

Menschen, die in Jahren des Hundes und des Pferdes geboren sind, scheinen füreinander bestimmt zu sein. Der ,,Hund'' fällt nicht so leicht auf den vordergründigen, gewinnenden Charakter des ,,Pferdes'' herein – dieses muß sich also um den ,,Hund'' wirklich bemühen: Damit ist schon der wichtigste Schritt für eine harmonische Partnerschaft getan.

Ziege

Hunde- und Ziegen-Geborene verstehen sich ausgesprochen gut. Zum einen ist der ,,Hund'' fast ebenso einfühlsam und sensibel wie die ,,Ziege'', zum anderen hilft er ihr in bezug auf ihre Ängstlichkeit und gibt ihr den Schutz, den sie braucht. Die ,,Ziege'' wiederum ist in praktischen Dingen begabter als der ,,Hund'', was für diesen von Vorteil ist.

Affe

,,Affe'' und ,,Hund'' bilden eine ungünstige Konstellation. Die Gutmütigkeit des Hund-Geborenen reizt den Affen-Geborenen stets, diese zu testen. Der ,,Hund'' wird zwar wei-

terhin gutmütig reagieren, sich aber innerlich vom „Affen"
entfernen – der Anfang vom Ende der Beziehung.

Huhn

„Hund" und „Huhn" verstehen sich trotz ihrer großen Verschiedenartigkeit in der Regel ganz gut. „Hunde" können
die Kritiklust des „Huhns" vertragen und aufgrund ihrer Gutmütigkeit über diese Schwäche hinwegsehen. Die beiden Zeichen unterstützen sich meist gegenseitig in ihrer seelischen
Entwicklung.

Hund

Daß sich zwei Hund-Geborene nicht vertragen, kommt
eigentlich selten vor. Aber das Problem einer solchen Verbindung dürfte klar sein: Sie bestärken sich in ihrer Nachgiebigkeit. Das bizarre Ergebnis ist oft, daß beide nachge-
ben und so etwas geschieht, was eigentlich keiner von beiden
will.

Schwein

Die Konstellation „Hund und Schwein" ist vielleicht die günstigste für beide. Sie fördern jeweils im anderen die positiven Eigenschaften und wirken den schlechten Tendenzen entgegen. Dazu kommt, daß beide treu sind und einen ausgeprägten Familiensinn haben – was will man mehr?

Beruf

Hund-Geborene entwickeln im Beruf in der Regel keinen allzu
großen Ehrgeiz – was nicht heißt, daß sie es zu nichts bringen. Das wichtigste für sie ist – auch im Berufsleben – der
Umgang mit anderen Menschen und daß sie Freude an ihrer
Tätigkeit haben. Sie neigen nicht dazu, den Beruf als anstren-
gende Pflicht zu betrachten, sondern sie arbeiten gerne, weil
sie meistens die richtige Berufswahl treffen.

Deshalb sind „Hunde" im Arbeitsleben (wie sonst auch) so beliebt. Von ihnen geht fast immer eine angenehme Atmosphäre aus, sie sind in der Lage, ein eventuell gereiztes Klima zu besänftigen, und haben für alle Kollegen ein gutes Wort oder ein offenes Ohr. Aber auch hier gilt, was zuvor schon einmal erwähnt wurde: „Hunde" müssen aufpassen, daß sie es mit ihrem Harmoniestreben nicht übertreiben.

Menschen, die unter dem Zeichen des Hundes geboren sind, sind nicht versessen darauf, andere zu führen – aber es macht ihnen auch nichts aus; sie nehmen es, wie es kommt. Diese Gelassenheit zahlt sich letztendlich meist aus und verhilft ihnen – ohne große Mühen und vor allem ohne Intrigen – „nach oben".

Was im Beruf mindestens so wichtig ist wie im Privatleben, sind Loyalität und Zuverlässigkeit – charakteristische Züge des Hund-Geborenen. Aufgaben, die man ihm anvertraut, werden nicht unbedingt schnell, aber so schnell wie möglich erledigt. Berufe, die für ihn geeignet sind, sind jene, die ein gewisses Maß an Verantwortungsgefühl mit sich bringen, und solche, die Aufgaben beinhalten, bei denen ein harmonischer Umgang mit Menschen von Bedeutung ist. Beispiele dafür wären Bankkaufmann, Verkäufer, Personalchef oder Orchestermusiker. In diesen und ähnlichen Berufen fühlen sich „Hunde" gut aufgehoben, weil sie einerseits Umgang mit Menschen haben und andererseits auch ihre Zuverlässigkeit unter Beweis stellen können. Wenn es ganz besonders um den harmonischen, verständnisvollen Umgang mit Menschen geht, sind Hund-Geborene sicherlich an der richtigen Stelle: Als Lehrer und Ausbilder werden sie sehr geschätzt, wenn sie mitunter auch ein wenig konservativ sein mögen. Kinderarzt stellt ebenfalls einen Idealberuf für sie dar. Sie könnten auch gute Psychologen sein, wenn sie lernen, sich etwas weniger von ihrer vorgefaßten Meinung abhängig zu machen.

Geld

Menschen, die in Jahren des Hundes geboren sind, zeichnet auch in finanziellen Angelegenheiten Zuverlässigkeit aus — was nicht heißt, daß Geld bei ihnen immer in guten Händen wäre: Manchmal kann man sich in der Tat nur darauf verlassen, daß es ihnen wie Wasser durch die Finger rinnt. Wenn es allerdings nicht um das eigene, sondern um das Geld anderer geht, sind Hund-Geborene absolut korrekt. Es ist erstaunlich, wie sich bei ihnen teilweise der private Umgang mit Geld vom beruflichen unterscheidet: Im Privatbereich herrscht bezüglich allem Finanziellen ein ziemliches Chaos, während das dem Hund-Geborenen anvertraute Geld sicher und treu von ihm verwaltet wird und sich meist sogar vermehrt.

,,Hunde'' sind — was ihr eigenes Geld angeht — auch äußerst großzügig. Überhaupt ist ihnen ein großmütiges Wesen zu eigen, doch in finanziellen Dingen wird es oft ganz besonders deutlich. Es spricht sicherlich auch für den Charakter des ,,Hundes'', daß er am liebsten jedem Armen etwas abgeben würde und gerne für wohltätige Organisationen spendet. Manchmal übertreibt er es jedoch. Eine Anekdote von einem berühmten Hund-Geborenen, Elvis Presley, mag dies verdeutlichen: Eines Tages war er bei einem Autohändler, wo er eine farbige Frau sah, die ein teures Auto bewunderte. Er fragte sie, ob sie den Wagen schön fände — und sie antwortete natürlich mit ,,Ja''. ,,Bitte, Madam. Steigen Sie ein und fahren Sie los.'' Er schenkte einer wildfremden Frau das teure Auto — was nicht nur die Großherzigkeit beweist, zu der ,,Hunde'' manchmal fähig sind, sondern auch den Leichtsinn in finanziellen Dingen: Elvis hatte zu jener Zeit bereits einige Millionen Dollar Schulden.

Natürlich treibt es nicht jeder Hund-Geborene so weit. Doch sicherlich trifft zu, daß es von Vorteil für sie wäre, mit ihrem eigenen Geld so sorgfältig umzugehen wie mit fremdem. Das soll nun nicht etwa heißen, daß sie entgegen ihrer Natur knauserig werden sollten! Nur wären sie viel besser in der Lage, ihre Großzügigkeit und Freundschaft zu verwirk-

lichen, wenn sie auf ein sicheres finanzielles Polster zurück-
greifen könnten.

Die Entwicklung

Die seelische Entwicklung der Menschen des Zeichens
,,Hund'' geht langsam, aber stetig voran. Mitunter vollzieht
sie sich allerdings fast schon *zu* langsam. Das heißt, daß es
bei ,,Hunden'' nicht selten vorkommt, daß die hemmenden
Faktoren gegenüber den förderlichen überwiegen und die Entwicklung zum Stillstand kommt.

Ich habe schon erwähnt, daß ,,Hunde'' im Alter zu
Schwarzweißdenken tendieren und dazu, geistig etwas unbe-
weglich zu werden. Glücklicherweise ist diese Entwicklung
nicht zwangsläufig. Sie sollten ab und zu einmal ihr Harmoniebedürfnis hinterfragen und vor allem lernen, aufgestaute
Gefühle herauszulassen − auch wenn ihnen das zunächst
schwerfällt.

Das Streben nach Harmonie ist an sich etwas Wunderba-
res. Nur sollte der ,,Hund'' zwischen natürlicher und künstlicher, erzwungener Harmonie unterscheiden können. Wenn
ihm das nicht gelingt, beschreitet er oft Irrwege, die zu schein-
barer Harmonie führen, zum Beispiel die Flucht in den Al-
koholismus oder in andere Süchte.

Gute und schlechte Jahre

Da Hund-Geborene so leicht nichts aus der Bahn wirft, verlaufen die Jahre für sie generell ziemlich ausgeglichen. Einige
besonders positive Jahre kann man allerdings doch hervor-
heben.

Was die Wahl des richtigen Partners angeht − etwas, das
für den ,,Hund'' ganz besonders wichtig ist − so sind Jahre,
die unter dem Zeichen des Huhns stehen, mit Sicherheit am
vorteilhaftesten.

Hinsichtlich beruflicher Entscheidungen wirken sich die Jahre der Ziege am günstigsten aus; in diesen steht auch die finanzielle Entwicklung unter einem guten Zeichen.

In der seelischen Entwicklung rührt sich in den Jahren der Ratte und der Schlange am ehesten etwas.

Berühmte Persönlichkeiten

Elvis Presley, einer der populärsten Rock'n'Roll-Sänger aller Zeiten, ist ein Hund-Geborener. Er ist leider auch ein Beweis dafür, daß „Hunde" zu Abhängigkeiten und Drogenmißbrauch neigen.

Die positivsten Entwicklungsmöglichkeiten des „Hundes" zeigte vielleicht der Arzt, Philosoph, Musiker und Friedens-Nobelpreisträger Albert Schweitzer.

Der dominanteste Hund-Geborene, der bisher bekannt geworden ist, war möglicherweise der englische Staatsmann Winston Churchill.

Auch die weltbekannte Schauspielerin Sophia Loren ist unter dem Zeichen des Hundes geboren.

Wirklich auffallend ist, daß alle mir bekannten und auch die vier hier erwähnten Hund-Geborenen Holz als herrschendes Element ihrer Geburt aufweisen. Vielleicht ist das die Erklärung dafür, warum manche „Hunde" — die ja eigentlich lieber in der zweiten Reihe stehen — so hoch hinauskommen. Nur der starke Einfluß des Holz-Elementes, welches das „Werden" symbolisiert, bringt sie an die Spitze.

Gesundheit

„Hunde" erfreuen sich einer ungewöhnlich robusten Gesundheit. Die größte Gefahr, mit der sie konfrontiert werden, ist die der Abhängigkeit und der Süchte.

Bezüglich ihrer Ernährungsweise sollten Hunde auf besonders vitaminreiche Kost achten.

Abb. 11: Dünndarmmeridian

Der Dünndarmmeridian ist bei Hund-Geborenen relativ häufig blockiert. Durch eine Massage dieses Meridians können sie ihr Allgemeinbefinden deutlich verbessern; sogar auf die seelische Entwicklung hat dies oft Einfluß. Als Hund-Geborener sollten Sie die vier in der Zeichnung markierten Punkte mit starkem Druck massieren, den Sie nur wenige Sekunden halten. Beginnen Sie bei dem Punkt an der Spitze Ihres kleinen Fingers. Für Menschen, die unter dem Zeichen des Hundes geboren sind, ist es ganz besonders wichtig, daß Sie darauf achten, wie Ihr Körper auf die Massage reagiert!

Das Zeichen des Schweins

Das Schwein symbolisiert in China die Wahrheit und den Wohlstand. Beim ,,Schwein'' überwiegt die Yin-Energie — das passive, empfangende Prinzip. Ein Jahr des Schweins bringt vergessene Kenntnisse wieder ans Licht. Die Glückszahl des ,,Schweines'' ist die ,,4'', seine Farbe ist Hellrot.

Charakter: Anlagen und Möglichkeiten

Der hervorstechendste Charakterzug des Schwein-Geborenen ist seine Geradlinigkeit. Er strebt seine Ziele ohne große Umschweife ganz direkt an. Die Wege der Täuschung, der Intrigen und des ,,Hintenherums'' sind nicht die Wege des Menschen, der unter dem Zeichen des Schweins geboren ist. Er geht in aller Regel absolut offen und ehrlich mit anderen um. Das ist sehr angenehm und führt selten zu folgenschweren Mißverständnissen. Schwein-Geborene sagen klar und deutlich, um was es ihnen geht, und beantworten Fragen ohne Mißtrauen. Es liegt ihnen nicht, vor anderen etwas zu verbergen.

Mitunter stellt diese Eigenschaft auch ein Problem dar: Wenn ein Schwein-Geborener beispielsweise ein Geheimnis hüten soll, wird ihm das nicht leichtfallen und ihm ein unangenehmes Gefühl bereiten. Nicht etwa, daß er eine „Klatschbase" wäre — solange er *daran denkt*, daß er ein bestimmtes Geheimnis wahren soll, wird er auch Stillschweigen darüber bewahren. Doch wenn er ein wenig abgelenkt wird, kann man ihm Geheimnisse leicht entlocken. Schwein-Geborene würden jedoch nie *bewußt* Vertrauliches weitergeben; dazu sind sie viel zu anständig. Im entspannten Gespräch ist es für jemanden, der es darauf anlegt, jedenfalls nicht schwer, aus einem Schwein-Geborenen beinahe alles herauszukriegen.

„Schweinen" bereitet es Probleme, andere zu täuschen oder auch nur, nicht die volle Wahrheit zu sagen. All das hängt mit einem tief in ihm verwurzelten Drang nach Wahrheit zusammen, mit dem ein tiefsitzendes Gefühl für Gerechtigkeit einhergeht.

Diese Charakterzüge erleichtern dem Schwein-Geborenen seine seelische Entwicklung enorm. Auch hier geht er keine großen Umwege. Leider bedeutet das nicht, daß er nicht *Irrwege* einschlagen könnte, was immer dann geschieht, wenn er von seiner Wahrheits*suche* abweicht und glaubt, die Wahrheit bereits zu *kennen*.

Doch mit der Wahrheit ist es ja nicht so einfach — wer kennt sie schon? Menschen, die in Jahren des Schweins geboren sind, sollten sich davor hüten, ihre Vorstellung von der Wahrheit zu verabsolutieren. Ein gewisser Zweifel — auch an sich selbst — ist wohl in den meisten Fällen angebracht. Und eigentlich haben Schwein-Geborene damit auch keine Probleme; wenn sie Fehler oder Irrtümer bei sich erkennen, verdrängen sie diese nicht, sondern versuchen, ihnen entgegenzuwirken.

Natürlich suchen „Schweine" auch in der Selbsterkenntnis die Wahrheit. Manchmal steht ihnen ihre Direktheit und Geradlinigkeit dabei sogar ein wenig im Wege. Mitunter muß das Selbst erst überlistet werden, um sich selbst zu erkennen, und das liegt dem „Schwein" nicht so sehr.

Ein sehr liebenswerter Zug am Schwein-Geborenen ist seine Heiterkeit. Man fühlt sich in seiner Gesellschaft meist sehr sicher und wohl. Von ihm hat man keine Täuschungen zu befürchten, und sein Humor sowie seine gelassene Heiterkeit sind die Tugenden des Weisen: Wer *verbissen* nach Erkenntnis und Wahrheit strebt, wird sein Ziel nie erreichen. Der Weise geht ganz natürlich seinen Weg — ohne Absicht und Anstrengung; die Dinge geschehen mit Heiterkeit und Gelassenheit. Das „Schwein" besitzt die Anlage zur Weisheit.

Was viele Menschen an Schwein-Geborenen stört, ist, daß sie nur schwer Ordnung halten können. Dies wird schon in alltäglichen Dingen schnell offenbar: Auf dem Schreibtisch stapeln sich chaotische Papierberge, in den Schubladen liegt alles mögliche durcheinandergewürfelt, und nicht selten trifft man auf Menschen dieses Tierzeichens, die zwei verschiedene Paar Socken anhaben! Dies alles stört aber höchstens einen Pedanten. Wirklich problematisch wird es nur dann, wenn Schwein-Geborene mit Aufgaben betraut werden, bei denen ein gewisses Maß an Ordnung eingehalten werden *muß*. Wenn sie versuchen, sich dazu zu *zwingen*, fällt ihnen das ungeheuer schwer, und sie fühlen sich unwohl; denn eine künstliche Ordnung herzustellen, widerspricht ihrer Geradlinigkeit. Ordentlich zu sein stellt für sie eine Art Betrug vor sich selbst und anderen dar.

Der Vorwurf, daß die Unordnung des Schwein-Geborenen schädlich sei, trifft nur in wenigen Fällen zu. Denn auch wenn er nicht Ordnung halten kann — er geht dennoch pfleglich und liebevoll mit Sachen wie auch mit seinen Mitmenschen um. Das Chaos des Schwein-Geborenen könnte man als „kreatives Chaos" bezeichnen, aus dem häufig überraschende Ideen und Gedanken hervorgehen.

Liebe und Gefühle

Im Liebesleben der Menschen, die in einem Jahr des Schweins geboren sind, spielt körperliche Nähe eine große Rolle. Eine „platonische Liebe" ist nicht ihre Sache. Um den „heißen Brei" herumzuschleichen, liegt ihnen nicht — sie gehen geradewegs zur Sache, ohne dabei große Umschweife zu machen. Das klingt zunächst ziemlich unromantisch — ist es aber nicht. Daß der Schwein-Geborene direkt und geradlinig ist, heißt ja nicht, daß es ihm nur um „das Eine" geht. Es bedeutet vielmehr, daß er offen seine Gefühle dem anderen gegenüber preisgibt und ohne großes Herumgerede auf tiefe Gefühle und die Beziehung zueinander zu sprechen kommt (und es bleibt nicht beim Sprechen).

Schüchternheit, Verklemmtheit, „Nein-Sagen" und „Ja-Meinen" sind beim Schwein-Geborenen meist fremd. Wenn er „ja" sagt, meint er das auch, und wenn er feststellt, daß er sich nicht zu jemandem hingezogen fühlt, so ist das eine feste Entscheidung, an der dann auch wenig Zweifel bestehen. Schwein-Geborene gehen unbewußt davon aus, daß sich andere ebenso verhalten, und deshalb wird man in ihnen auch nie einen Vamp, Verführer oder Casanova finden. Wenn der andere zu verstehen gibt, daß er an einer Beziehung nicht interessiert ist, dann ist doch alles klar, oder? Von außen betrachtet sieht es manchmal so aus, als würden Schwein-Geborene schnell aufgeben; aber das ist eben gar nicht der Fall. Sie geben nicht auf, sie glauben nur zu erkennen, daß der andere gar kein Interesse hat – warum sollte man ihn dann zwingen? Sie kommen nur selten auf den Gedanken, daß für andere Menschen manchmal gerade im Spiel der Verführung der Reiz liegt.

Menschen, die unter dem Zeichen des Schweins geboren sind, sind ziemlich treue Partner; allerdings suchen sie auch das Sexuelle – eine Partnerschaft, in der dies nur eine Nebenrolle spielt, ist für sie nicht akzeptabel.

Die Beziehungen zu den anderen Zeichen

Ratte

Schwein- und Ratten-Geborene schließen schnell Freundschaft, die lange hält und sich auch oft zu wahrer Liebe entwickelt. „Schweine" sind für „Ratten" sehr förderlich, da sie sie dazu bringen können, etwas mehr von ihren Gefühlen zu zeigen.

Büffel

Mit dem „Schwein" verbindet den „Büffel" nicht viel. Ein Problem, das banal scheint, das aber im Laufe der Zeit zu vielen Streitigkeiten führt, ist die Ordnung: Während der „Büffel" überaus ordentlich ist, kann das „Schwein" einfach keine Ordnung halten.

Tiger

Schwein- und Tiger-Geborene kommen gut miteinander zurecht. Zwar ist das „Schwein" recht bodenständig, aber seine Suche nach Wahrheit trifft fast immer eine Ader beim „Tiger", und die spirituelle Suche des „Tigers" ist ja auch dem Wahrheitsstreben des „Schweines" wesensverwandt.

Hase

Menschen, die in den Jahren des Schweins geboren sind, werden mit Hasen-Geborenen in der Regel sehr glücklich. In dieser Beziehungskonstellation besteht eine natürliche, ungekünstelte und selbstverständliche Harmonie, die keines Ausgleichs bedarf. So gelingt es den beiden Zeichen in einer solchen Partnerschaft auch, sich selbst zu verwirklichen.

Drache

Schwein- und Drachen-Geborene haben kaum Probleme miteinander − einfach deshalb, weil sich „Drachen" kaum für „Schweine" interessieren. Umgekehrt kommt es zwar vor, daß sich „Schweine" in „Drachen" verlieben, aber „Drachen" gehen nur selten darauf ein − woraufhin das „Schwein" den Rückzug antritt.

Schlange

„Schweine" und „Schlangen" kommen in der Regel überhaupt nicht miteinander zurecht. „Schweine" umgibt typischerweise überhaupt kein Geheimnis; das ist ja gerade ihre Stärke. Für „Schlangen" jedoch läßt sie das meist völlig uninteressant erscheinen. Das Rätselhafte der ,,Schlange'' wiederum bereitet dem ,,Schwein'' Schwierigkeiten, es erscheint ihm eher verwirrend als interessant.

Pferd

Mit dem ,,Pferd'' versteht sich das ,,Schwein'' nicht besonders. Es gibt zu wenige Berührungspunkte zwischen den beiden. Insbesondere seitens des Schwein-Geborenen besteht wenig Sympathie für den Hang zur Selbstdarstellung des Pferd-Geborenen.

Ziege

Menschen des Zeichens ,,Schwein'' und ,,Ziege'' ergeben eine der günstigsten Verbindungen: Das ,,Schwein'' genießt die Zärtlichkeit und Sensibilität der ,,Ziege'' sehr. Umgekehrt liebt die ,,Ziege'' die Aufrichtigkeit und Heiterkeit des ,,Schweines''. Beide bringen im anderen die besten Charakterzüge zum Vorschein.

Affe

Schwein- und Affe-Geborener vertragen sich erstaunlich gut. Anfangs versucht der ,,Affe'' oft, die Grenzen des ,,Schweins'' zu erkunden. Doch dieses ist zu geradlinig, um dem ,,Affen'' allzu viele Angriffspunkte zu bieten. Außerdem bietet das ,,Schwein'' dem ,,Affen'' mehr als die meisten Zeichen die Gelegenheit, neue Erfahrungen zu machen. Die Suche des ,,Schweines'' nach Wahrheit harmoniert sehr gut mit dem Forscherdrang des ,,Affen''.

Huhn

Die Verbindung zwischen Schwein- und Huhn-Geborenen ist meist zum Scheitern verurteilt. Das ,,Schwein'' ist von dem inneren Drang nach Wahrheit beseelt und ist ein ehrlicher und geradliniger Typ — das Gegenteil des ,,Huhns''. Gerade für die Aufschneidereien desselben hat es überhaupt kein Verständnis.

Hund

„Hund" und „Schwein" ergeben eine sehr günstige Konstellation – für beide. Sie fördern jeweils die positiven Eigenschaften im anderen und wirken den schlechten Tendenzen entgegen. Beide sind noch dazu treu und haben ein gutes Verhältnis zum Familienleben – was will man mehr?

Schwein

Zwei Menschen, die in einem Jahr des Schweins geboren sind, müssen sich einfach gut verstehen – möchte man meinen. In der Regel stimmt das auch. Ihre gegenseitige Offenheit und Ehrlichkeit tut der Haltbarkeit der Beziehung gewiß gut. Beide ergänzen sich auch in ihrem Streben nach Wahrheit, wenn – und das ist der Knackpunkt – es denn dieselbe Wahrheit ist.

Beruf

Schwein-Geborene *können* im Berufsleben schon ehrgeizig sein – aber meist sind sie es nicht. Sie gehen geradewegs ihren Weg und lassen sich nicht so leicht wie andere dazu verführen, ihr Leben ganz unter den Primat des Berufs zu stellen. Sie sind zwar fleißig, aber nicht übereifrig. Ihnen ist der Kontakt zu anderen Menschen am Arbeitsplatz wichtiger als ein möglichst schneller Aufstieg und mehr Geld. Wenn Schwein-Geborene allein arbeiten, lassen sie es ruhig angehen und tendieren nicht dazu, sich zu überarbeiten.

All dies klingt vielleicht nicht gerade wie eine Empfehlung. Doch natürlich gibt es am Schwein-Geborenen auch Seiten, die sich im Arbeitsleben sehr vorteilhaft auswirken: Man kann sich auf ihn verlassen, er ist anständig und ehrlich, meist heiter und vergnügt, und es gelingt ihm, zu einem guten Arbeitsklima beizutragen – was für die Gesamtleistung, den reibungslosen Ablauf der Arbeit und für das Wohlbefinden aller Mitarbeiter natürlich äußerst positiv ist. Außerdem kann man nicht behaupten, daß ,,Schweine'' faul wären; sie sind einfach etwas ruhiger.

Ich habe am Anfang dieses Kapitels gesagt, daß ,,Schweine'' ehrgeizig sein *können*. Dem ist in der Tat so – allerdings entfalten sie manchmal eine merkwürdige sympathische Art von Ehrgeiz, bei dem es ihnen nicht um sie selbst, sondern um die Sache geht.

In Berufen, in denen es um das Hauptthema des Schwein-Geborenen – seine Suche nach einer Wahrheit – geht, kann er sein Allerbestes geben. So sind ,,Schweine'' als Künstler manchmal von ihrer Kunst geradezu besessen. In diesem Fall liegt die ,,Wahrheit'' im künstlerischen Ausdruck. Häufig engagieren sie sich stark in sozialen oder Heilberufen – hier besteht die ,,Wahrheit'' im Mitgefühl mit anderen Menschen und in der Überzeugung, daß wir die Welt durch unser Handeln verbessern können. Auch als Forscher und Wissenschaftler müßten sie sich eigentlich recht gut eignen.

Das ,,Problem'', das Menschen, die unter dem Zeichen des Schweins geboren sind, mit der Ordnung haben, stellt für sie selbst in der Regel überhaupt keines dar, sondern eher für die Mitarbeiter. Wenn ,,Schweine'' *allein* an Aufgaben, die nicht einer besonderen Ordnung bedürfen, arbeiten, führt ihre Unordentlichkeit also kaum zu Schwierigkeiten. Anders sieht es aus, wenn sie mit Aufgaben betraut werden, die in sich ständig wiederholenden, aber exakt auszuführenden Handlungen bestehen. Wenn ein Schwein-Geborener beispielsweise beauftragt wird, irgendwelche Akten zu ordnen, stellt man im nachhinein wahrscheinlich in vielen Fällen fest, daß man besser die *alte* Unordnung beibehalten hätte, statt sich an eine neue gewöhnen zu müssen ...

Geld

Menschen, die in einem Jahr des Schweins geboren sind, interessieren sich meist nicht sonderlich für finanzielle Angelegenheiten. Man kann ihnen durchaus Geld anvertrauen, denn sie sind in der Regel sehr ehrlich und neigen nicht dazu,

Vertrauen zu mißbrauchen. Doch wenn man ihnen Geld in die Hand gibt, sollte man ihnen auch genau sagen, was sie damit tun sollen.

Wenn Schwein-Geborene versuchen, ihr Geld zu vermehren, wenn sie finanzielle Transaktionen, Aktienkäufe oder Spekulationsgeschäfte tätigen, verlieren sie meist ziemlich schnell den Überblick. Hier macht sich ihre Unordentlichkeit oft recht deutlich bemerkbar: Kontoauszüge finden sich als Lesezeichen wieder, der Zettel, auf dem wichtige Termine stehen, verschwindet auf geheimnisvolle Art und Weise und taucht ebenso wundersam plötzlich wieder auf – kurz: Es herrscht das Chaos.

Beachtlicherweise kommen Schwein-Geborene meist dennoch ohne direkte Geldsorgen durchs Leben. Sie selbst behalten nämlich einen für die Verhältnisse erstaunlichen Überblick, der sie das Wichtigste dann in der Regel doch erfassen läßt. Anderen Menschen mag ihr sorgloser Umgang mit Geld manchmal ein wenig an den Nerven zerren, doch letztendlich spricht es für den Charakter des ,,Schweins", daß es dem Geld keine übergroße Bedeutung in seinem Leben zukommen läßt.

Die Entwicklung

,,Schweine" haben sehr gute Möglichkeiten , ihr seelisches Wachstum voranzubringen und dabei ihr Leben mit Sinn zu erfüllen. Ihre wichtigsten Tugenden sind in dieser Hinsicht ihre Heiterkeit und natürlich ihr Streben nach Wahrheit. Weisheit ohne Heiterkeit ist wie Klugheit ohne Wissen. Wenn die Grundtendenz eines Menschen von Gelassenheit und Heiterkeit bestimmt ist und er nicht in eine oberflächliche Betrachtung der Welt verfällt, hat er für seine seelische Entwicklung nicht viel zu fürchten. Und oberflächlich ist der Schwein-Geborene nie.

Charakteristischerweise sucht er ja nach einer ,,Wahrheit" – auch nach der Wahrheit im Verständnis von sich selbst. Ich habe bereits erwähnt, daß ,,Schweine" sich davor in acht nehmen sollten, von ihrer Wahrheitssuche abzugehen und zu glauben, die Wahrheit bereits gefunden zu haben. Sie sind gut beraten, wenn sie bei ihrer Suche selbstkritisch bleiben und auch die Rückmeldungen von Familienmitgliedern und Freunden berücksichtigen. Wenn sie das tun, steht ihrer seelischen Entwicklung nichts mehr im Wege.

Gute und schlechte Jahre

Es fällt auf, daß die an sich klassischen Glücksjahre – die Jahre des Drachen, des Hasen und des Tigers – für Schweine meist weniger positiv verlaufen. Am wenigsten förderlich sind allerdings die Jahre der Schlangen.

Natürlich stehen diesen nicht so einfach verlaufenden Jahren auch etliche sehr gute Jahre gegenüber. Jahre des Huhns und der Ratte beispielsweise wirken sich in nahezu allen Aspekten sehr günstig aus, sowohl was das Beruflich-Finanzielle als auch das Persönliche – Liebe, Gesundheit und seelische Entwicklung – angeht.

Für die seelische Entwicklung sind die Jahre des Pferdes am förderlichsten, während in den sonst sehr positiven Jahren des Affen für das Schwein die Gefahr besteht, sich über sich selbst zu täuschen und einen für die persönliche Entwicklung ungünstigen Weg einzuschlagen.

Berühmte Persönlichkeiten

Unter den berühmten Schwein-Geborenen findet sich eine ganze Anzahl großer Künstlerpersönlichkeiten – allen voran das Genie Wolfgang Amadeus Mozart, der bereits im Alter von fünf Jahren komponiert und uns einige der schönsten Opern geschenkt hat. An Mozart lassen sich viele charakteristische Züge des ,,Schweins'' feststellen: der Fleiß, die künstlerische Suche nach Wahrheit, aber auch das kreative Chaos. Die Ehrlichkeit, die Heiterkeit und die Probleme im Umgang mit Geld sind typische Eigenschaften dieses Zeichens, die auch Mozart zeigt.

Zwei berühmte Schriftsteller – Thomas Mann und Vladimir Nabokov – waren Schwein-Geborene, ebenso wie der unvergessene Regisseur Alfred Hitchcock und Fred Astaire, einer der größten Tänzer.

Überraschenderweise ist auch Konrad Adenauer, der erste deutsche Bundeskanzler, unter dem Zeichen des Schweins geboren.

Gesundheit

Mit Gesundheitsproblemen hat der Schwein-Geborene in der Regel nicht besonders zu kämpfen. Am ehesten machen ihm noch Verdauungsprobleme zu schaffen, die meist mit der Ernährungsweise zusammenhängen, der er nämlich meist keine besondere Beachtung schenkt. Er neigt dazu, zu viel, zu wenig oder zu ungesund zu essen. Dazu kommt noch, daß „Schweine" dem Alkohol meist nicht gerade abgeneigt sind.

Die Meridianbehandlung

Schwein-Geborene können ihr Wohlbefinden steigern, indem sie regelmäßig ihren nicht selten etwas blockierten Lebermeridian massieren. Diese Massage trägt im übrigen auch dazu bei, den Körper zu entgiften.

Wenn Sie unter dem Zeichen des Schweins geboren sind, massieren Sie die fünf in der folgenden Abbildung bezeichneten Punkte mit sanftem Druck. Bleiben Sie auf jedem Punkt eine halbe Minute lang, während Sie sich auf ihn konzentrieren. Beginnen Sie oben am Meridian und arbeiten Sie sich nach unten bis zu dem Punkt am großen Zeh vor. Achten Sie auf Ihre Gefühle und Empfindungen bei der Massage.

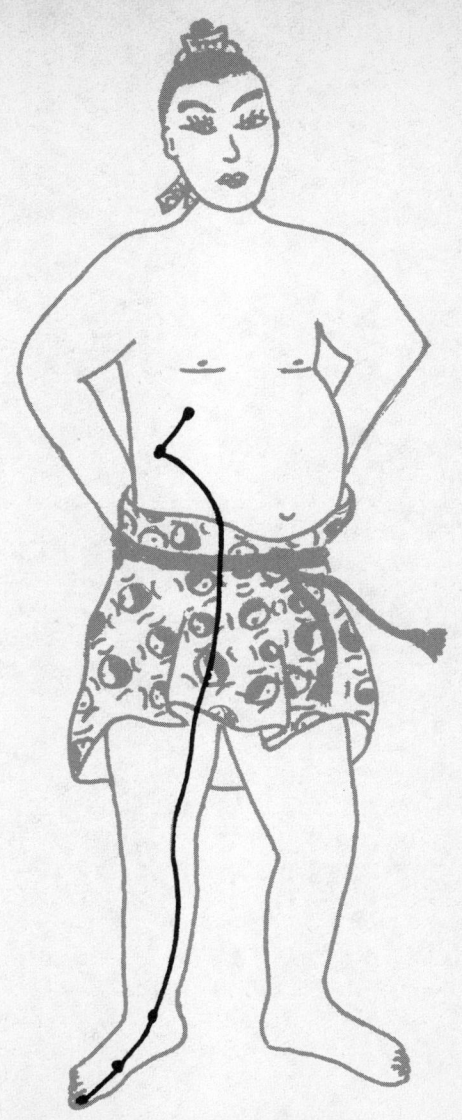

Abb. 12: Lebermeridian

Kapitel 2:
Die Fünf Elemente

Die zweite wichtige Komponente des chinesischen Horoskops ist das System der Elemente. Diese ,,Elemente'' sind natürlich nicht die Elemente der modernen Chemie, sondern entsprechen eher den Vorstellungen der alten Griechen.

Im alten China spielten die Fünf Elemente – Feuer, Erde, Metall, Wasser und Holz – eine wichtige Rolle in der Medizin, in der Alchimie und der Weissagekunst. Und auch die Tatsache, daß es gerade *fünf* Elemente sind (und nicht, wie in Griechenland, vier) ist kein Zufall. Die Fünfheit ist in vielen Bereichen von großer Bedeutung gewesen: Man kannte nicht nur *fünf* Elemente, sondern ebenso *fünf* Richtungen (Süd, Nord, Ost, West, Mitte), *fünf* Töne (die klassische chinesische Musik beruht auf einer Fünf-Ton-Skala) und *fünf* Geschmacksrichtungen (süß, sauer, salzig, bitter, scharf).

Jedes Jahr wird nicht nur von einem Tierzeichen, sondern auch von einem Element bestimmt. Jedes Element herrscht über zwei aufeinanderfolgende Jahre, so daß sich ein zehnjähriger Rhythmus ergibt. Wenn man nun den Zwölfjahresrhythmus der Tiersymbole und den Zehnjahresrhythmus der Elemente verbindet, ergibt sich ein 60jähriger Rhythmus – alle 60 Jahre herrschen das gleiche Tier und das gleiche Element. Das Jahr 1900 war beispielsweise ein Jahr der Ratte mit dem herrschenden Element Metall. Das nächste Jahr, auf das diese Konstellation zutraf, war 1960, und 2020 wird wiederum ein Jahr der Ratte mit dem herrschenden Element Metall sein.

Dieser 60-Jahre-Zyklus findet sich auch im menschlichen Leben wieder. Er entspricht etwa dem Abstand zweier Generationen. Und häufig kann man bemerken, daß Kinder eher mit ihren Großeltern ,,auf einer Wellenlänge'' liegen als mit ihren Eltern. Vom Standpunkt der chinesischen Astrologie aus ist das nicht weiter erstaunlich: Elemente und Tierzeichen befinden sich im gleichen Rhythmus.

Aber wie gehen wir nun mit den Elementen im chinesischen Horoskop um? Sie fügen den Tierzeichen nicht einfach Eigenschaften hinzu, sondern beeinflussen diese, geben ihnen eine Richtung und formen sie. Beispielsweise verleiht das Element Erde Beständigkeit. Die wirkt sich bei Menschen eines Tierzeichens, das eher unruhig und hektisch veranlagt ist (beispielsweise beim „Affen"), sehr positiv aus, während es bei einem Zeichen, das ohnehin eher beständig ist (beispielsweise beim „Büffel"), diese Eigenschaft noch weiter verstärkt. Das Element „moduliert" also die Eigenschaften des Tieres.

Nun stellen Sie bitte anhand der folgenden Tabelle fest, welches Element zum Zeitpunkt Ihrer Geburt herrschte, und lesen Sie dann die entsprechende Beschreibung. Denken Sie daran, daß das Element für sich allein nicht viel aussagt, sondern stets in Verbindung mit Ihrem Tierzeichen gesehen werden muß.

Tabelle 2: Die Elemente	
31. 01. 1900 — 07. 02. 1902	Metall
08. 02. 1902 — 15. 02. 1904	Wasser
16. 01. 1904 — 24. 01. 1906	Holz
25. 01. 1906 — 01. 02. 1908	Feuer
02. 02. 1908 — 09. 02. 1910	Erde
10. 02. 1910 — 17. 02. 1912	Metall
18. 02. 1912 — 25. 02. 1914	Wasser
26. 02. 1914 — 02. 02. 1916	Holz
03. 02. 1916 — 10. 02. 1918	Feuer
11. 02. 1918 — 19. 02. 1920	Erde
20. 02. 1920 — 27. 01. 1922	Metall
28. 01. 1922 — 24. 02. 1924	Wasser
25. 02. 1924 — 12. 02. 1926	Holz
13. 02. 1926 — 09. 02. 1928	Feuer
10. 02. 1928 — 29. 01. 1930	Erde
30. 01. 1930 — 05. 02. 1932	Metall
06. 02. 1932 — 13. 02. 1934	Wasser

14. 02. 1934 – 23. 01. 1936	Holz
24. 01. 1936 – 30. 01. 1938	Feuer
31. 01. 1938 – 07. 02. 1940	Erde
08. 02. 1940 – 14. 02. 1942	Metall
15. 02. 1942 – 24. 01. 1944	Wasser
25. 01. 1944 – 01. 02. 1946	Holz
02. 02. 1946 – 09. 02. 1948	Feuer
10. 02. 1948 – 16. 02. 1950	Erde
17. 02. 1950 – 26. 01. 1952	Metall
27. 01. 1952 – 02. 02. 1954	Wasser
03. 02. 1954 – 11. 02. 1956	Holz
12. 02. 1956 – 17. 02. 1958	Feuer
18. 02. 1958 – 27. 01. 1960	Erde
28. 01. 1960 – 04. 02. 1962	Metall
05. 02. 1962 – 12. 01. 1964	Wasser
13. 01. 1964 – 20. 01. 1966	Holz
21. 01. 1966 – 29. 01. 1968	Feuer
30. 01. 1968 – 05. 02. 1970	Erde
06. 02. 1970 – 15. 01. 1972	Metall
16. 01. 1972 – 22. 01. 1974	Wasser
23. 01. 1974 – 30. 01. 1976	Holz
31. 01. 1976 – 06. 02. 1978	Feuer
07. 02. 1978 – 15. 02. 1980	Erde
16. 02. 1980 – 24. 01. 1982	Metall
25. 01. 1982 – 01. 02. 1984	Wasser
02. 02. 1984 – 08. 02. 1986	Holz
09. 02. 1986 – 16. 02. 1988	Feuer
17. 02. 1988 – 26. 01. 1990	Erde
27. 01. 1990 – 03. 02. 1992	Metall
04. 02. 1992 – 09. 02. 1994	Wasser
10. 02. 1994 – 18. 02. 1996	Holz
19. 02. 1996 – 27. 01. 1998	Feuer
28. 01. 1998 – 27. 01. 2000	Erde

Feuer

Feuer ist ein Element, das durch Aktivität gekennzeichnet ist: Es verzehrt und wandelt Materie, ja meist vernichtet es sie. Das Element Feuer wirkt auch im geistigen Bereich in dieser Hinsicht: Vorhandene Eigenschaften werden verstärkt und dabei teilweise transformiert.

Der Einfluß des Feuer-Elements bringt es mit sich, daß etwas schneller – mitunter auch übereilt – gehandelt wird. Menschen, die unter seinen Einfluß stehen, verfügen über ein hohes Maß an Lebensenergie. Diese kann antreiben, verstärken, emporheben – aber eben auch zerstören und auslöschen. Wie sich das Feuer-Element im einzelnen manifestiert, hängt offensichtlich von der Eigenschaft ab, auf die es verändernd wirkt, Eigenschaften wie Extrovertiertheit, Unruhe, Energiegeladenheit oder Ehrgeiz verstärkt das Feuer-Element – was meistens bedeutet, daß dann zuviel des Guten vorhanden ist; die an sich positive Energie wird zur verzehrenden Kraft. Andererseits kann das Feuer-Element trägen, kraftlosen, mutlosen oder behäbigen Tierzeichen die Energie liefern, die ihnen fehlt.

Einige Beispiele: Bei Menschen, die in einem Jahr der Ratte und unter dem herrschenden Element Feuer geboren sind, ist meist die Tendenz zum Ehrgeiz besonders stark ausgeprägt, so daß sie geradezu von diesem zerfressen werden können. Auch Pferd-, Affen- und Huhn-Geborene müssen sich – wenn ihr Tiersymbol vom Feuer-Element beeinflußt wird – vor übertriebener Aktivität, Hektik und Selbstüberschätzung hüten. Dagegen profitieren ruhigere Zeichen wie Büffel, Ziege und Hund meist von den Energien des Feuer-Elements. Natürlich wirkt sich das Element Feuer nicht generell für ,,Ratten'' negativ und für ,,Büffel'' in jeder Hinsicht positiv aus. *Jede* Eigenschaft wird ja von dem Element berührt. Menschen, die unter der Konstellation ,,Ratte-Feuer'' geboren sind, werden beispielsweise ihre Gefühle besser zeigen können als ihre verschlosseneren ,,Kollegen''; und Büffel-Geborene mit dem herrschenden Element Feuer werden durch dessen Einfluß nicht nur weniger träge, sondern leider auch eigensinniger.

Menschen, die das Feuer-Element beeinflußt, sollten darauf achten, ihre Aktivität in sinnvolle Bahnen zu lenken und ihre Energie nicht wahllos einzusetzen.

Erde

Das Element Erde symbolisiert Beständigkeit. Es festigt die wesentlichen bereits entwickelten Eigenschaften des Tierzeichens. Diese Beständigkeit bewirkt allerdings auch eine Stabilisierung der tieferen Schichten der Persönlichkeit, in der weitere wichtige, positive, für die Entwicklung bedeutsame Eigenschaften verborgen sind − und das wiederum heißt, daß diese Charakterzüge verborgen bleiben und nur schwer aktiviert werden können. Beständigkeit bezeichnet ja in gewisser Weise auch Stillstand. Was beständig ist, bleibt, wie es ist; was bleibt, wie es ist, verändert sich nicht. Darin liegt auch das Problem von Menschen, die unter dem Erd-Element geboren wurden: Es fällt ihnen ganz besonders schwer, sich von alten, schlechten Angewohnheiten zu trennen. Auf der positiven Seite bedeutet es aber auch, daß sie kaum einmal ihre guten Eigenschaften verlieren.

Die Auswirkungen des Erd-Elements auf die einzelnen Tierzeichen sind natürlich ganz unterschiedlich − je nachdem, welche Eigenschaften jeweils im Vordergrund stehen. Sind es Charakteristika, die ohnehin in Richtung Ruhe, Beständigkeit, Introvertiertheit, Zurückgezogenheit, Einsamkeit oder Bodenständigkeit gehen, bestärkt das Element Erde diese Tendenzen noch weiter. Das bedeutet oft, daß auch an sich positive Eigenschaften mitunter durch die Stärke ihrer Ausprägung einen negativen Beigeschmack bekommen. Beim ,,Büffel'', der sowieso ein wenig zur Trägheit neigt, bestärkt das Erd-Element diese Neigung zusätzlich; auch beim Drachen-Geborenen mit dem herrschenden Element Erde ist das einzelgängerische, etwas distanzierte Wesen noch ausgeprägter.

Nun wäre es aber völlig falsch, das Erd-Element als solches negativ zu bewerten. Die Beständigkeit, die es mit sich bringt, wirkt sich ja in vielen Fällen sehr positiv aus. Bei den Zeichen Tiger, Pferd, Affe und Huhn, die alle ein wenig zu Gefühlsschwankungen neigen, wirkt es beispielsweise angenehm stabilisierend.

Menschen, die unter dem Erd-Element geboren wurden, sollten darauf achten, in ihrer Entwicklung nicht zu früh zum Stillstand zu kommen, und sich der Bedeutung aktiven Handelns bewußt werden.

Metall

Das Element Metall steht für Vergänglichkeit. Eigenschaften werden unter dem Metall-Aspekt abgeschwächt und aufgelöst. Wie sich das Element im einzelnen auswirkt, hängt sehr stark von der persönlichen Entwicklung ab. Denn ebenso die positiven wie auch die negativen Seiten der Persönlichkeit sind dem Metall-Aspekt unterworfen. Auch bei diesem Element spielt also die Bewußtheit und der Grad, wie sehr man dazu bereit ist, an sich selbst zu arbeiten, eine große Rolle. Nur Eigenschaften, die man nicht bewußt kultiviert, werden sich auflösen. Beispielsweise bei Menschen, die stark nach außen orientiert sind und ihr Inneres vernachlässigen, führt der Einfluß des Metalls dazu, daß ihre Fähigkeit zur Selbsterkenntnis immer mehr schwindet. Dies können sie nur verhindern, wenn sie sich aktiv darum bemühen. Natürlich ist es immer so, daß Eigenschaften und Fähigkeiten, die man nicht „pflegt", verkümmern, doch das Metall-Element verstärkt diese Tendenz.

Auf der positiven Seite bedeutet dies wiederum, daß Menschen, die unter dem Zeichen des Metalls geboren sind, feststellen, daß es ihnen leichtfällt, schlechte Angewohnheiten abzulegen. Bei Ratte-, Tiger-, Drachen-, Schlange-, Ziege- und Schwein-Geborenen, die ohnehin eher dazu tendieren, nach innen zu blicken, wirkt sich der Einfluß des Metalls in der Regel ziemlich positiv aus. Bei Hase-, Pferd- und Huhn-

Geborenen ist das Metall-Element nicht ganz so vorteilhaft, da diese Zeichen dazu neigen, sich an der Außenwelt zu orientieren. Aber zu viel hängt von individuellen Faktoren ab, um die Auswirkungen dieses Elements auf ein Tiersymbol verläßlich vorherzusagen. Das trifft noch stärker auf die drei noch nicht erwähnten Zeichen Büffel, Affe und Hund zu.

Die Vergänglichkeit, die das Element Metall symbolisiert, wirkt auch auf die Gefühle: Menschen, die unter seinem Einfluß geboren sind, neigen eher als andere zu Depressionen — die Konfrontation mit der Vergänglichkeit läßt sie schneller aufgeben. Auch dies trifft wieder nicht generell zu. Das Bewußtmachen der Vergänglichkeit kann auch sehr befreiend sein. Der Hindu gebraucht den Begriff „maja", mit dem der illusionäre und vergängliche Charakter der Welt bezeichnet wird. Wenn alles vergänglich ist, sind auch Sorgen, Schmerzen, Leid, Tränen, Trauer und vielleicht sogar die Vergänglichkeit selbst vergänglich.

Wasser

Das Wasser-Element ist das Symbol der Ruhe und der Gegenpol zum Feuer. Wasser ist das passive Element, doch seine Stärke ist nicht zu unterschätzen. Das „Tao te King", das Buch vom Tao, sagt:

Nichts ist so weich wie das Wasser,
doch im Kampf gegen das Harte
wird es durch nichts überwunden:
das Nicht-Sein macht es ihm leicht.

Die Ruhe des Wassers bedeutet nicht etwa Schlaf, Tod oder Müdigkeit, sondern Stärke, Überlegung, Vernunft und Liebe — es symbolisiert die Ruhe des Bedachten, Weisen und Starken. Menschen, die unter dem Einfluß des Wasser-Elements stehen, haben ein hohes Maß an Vertrauen und innerer Kraft. So gesehen ist sein Einfluß eigentlich durchweg positiv.

165

Problematisch wird es lediglich mitunter bei Zeichen, die stärker zur Zurückgezogenheit und Introvertiertheit neigen. Das Wasser-Element unterstützt dann diese Tendenzen und kann dazu führen, daß sich solche stillen, zurückgezogenen Menschen irgendwann einmal sehr einsam fühlen. Dies betrifft vor allem Menschen, die unter dem Zeichen des Büffels, des Drachen und der Schlange geboren wurden. Ziege-Geborene (die zu Ängstlichkeit und Schüchternheit tendieren) profitieren dagegen vom Einfluß des Wassers; ihre Introvertiertheit ist nämlich nur eine scheinbare: Sie trauen sich oft nicht, einfach Kontakt mit fremden Menschen aufzunehmen. Das Element Wasser verleiht ihnen nun die innere Stärke, diese Ängste zu überwinden. Auch bei Hund-Geborenen mit dem herrschenden Element Wasser wirkt sich dieses in der Regel günstig aus, indem es ihnen erleichtert, ihr Mißtrauen gegenüber Fremden abzulegen.

Zeichen, die unter dem Einfluß des Wasser-Elements stehen, haben besonders gute Voraussetzungen für eine harmonische innere Entwicklung. Sie sollten nur (das gilt insbesondere für „Drachen") dem Äußeren nicht jeglichen Wert absprechen.

Holz

Das Element Holz stellt als Gegenpol zum Metall-Element das Werden, das Wachstum und das Leben dar. Holz läßt die verborgenen Kräfte gedeihen und hebt sie ins Bewußtsein. Menschen, die unter seinem Einfluß geboren wurden, erleben im Laufe ihres Daseins ein größeres Maß an Veränderungen ihrer Sichtweisen, Anschauungen und damit letztendlich auch ihrer Persönlichkeit als andere. Meist sind diese Veränderungen als Wachstum anzusehen; doch auch die Schattenseiten, die ja jeder in sich trägt, werden vom Holz-Element zum „Wachstum" angeregt.

Wie beim Element Metall spielt also auch hier die Bewußtheit eine große Rolle für die konkrete Ausprägung der Eigenschaften. Je stärker ein Charakterzug im Unterbewußtsein eines Menschen verankert ist, desto intensiver wird sich das Holz-Element darauf auswirken. So wird beispielsweise ein Tiger-Geborener, der seinen spirituellen Weg gefunden hat, sehr vom Einfluß dieses Elements profitieren. Aber auch andere, nicht immer unbedingt günstige Eigenschaften des Tiger-Geborenen, zu denen beispielsweise die Eitelkeit gehört, werden gefördert, wenn sie in seinem Unterbewußtsein eine stärkere Rolle spielen.

Im großen und ganzen wirkt das Holz-Element auf die meisten Zeichen ziemlich positiv. Es hängt sehr viel davon ab, wie sehr die unter diesem Element Geborenen an ihrem Wachstum interessiert sind. ,,Interesse'' bedeutet, innerlich berührt zu sein – und dann kann auch das Holz-Element seine wachstumsfördernde Wirkung entfalten.

Natürlich fördert es auch die Kreativität im Menschen. Besonders bei Drache-Geborenen kommt dies zum Tragen (Salvador Dali war ein Drache-Geborener mit dem herrschenden Element Holz).

Besonders zu erwähnen ist noch der Einfluß des Holz-Elements auf das Zeichen des Hundes. Hier scheint es wirklich alle positiven Kräfte zu unterstützen. Hund-Geborene erregen normalerweise kein großes Aufsehen – eben mit Ausnahme derer, die von dem Element Holz beeinflußt werden. Alle mir bekannten Berühmtheiten unter den Hund-Geborenen standen unter dem Einfluß des Holz-Elements!

Kapitel 3:
Die Monate

Anhand des Geburtszeichens und des herrschenden Elements haben wir uns den Anlagen und der „Richtung" der Persönlichkeit genähert. In der chinesischen Astrologie haben wir nun die Möglichkeit, die Einflüsse des Geburtsmonats mitzuberücksichtigen, um das Individuelle noch genauer herauszuarbeiten. Auch hier gilt, was ich bereits im Zusammenhang mit den Elementen gesagt habe: Die Einflüsse des Monats werden den Eigenschaften, die durch das Tierzeichen angelegt sind, nicht einfach *hinzugefügt*, sondern *modifizieren* sie und lassen eine individuellere Deutung zu.

Durch den Geburtsmonat werden zu den Eigenschaften des jeweiligen Tierzeichens der individuelle Wille und Intellekt der einzelnen Persönlichkeit geprägt. Die Namen der Geburtsmonate entsprechen denen der Jahre — es gibt also den Monat der Ratte, des Büffels, des Tigers, des Hasen, des Drachen, der Schlange, des Pferdes, der Ziege, des Affen, des Huhns, des Hundes und des Schweins.

Anhand der folgenden Tabelle können Sie feststellen, welches Zeichen ihrem Geburtsmonat entspricht.

Tabelle 3: Die Monate	
08. Dezember bis 05. Januar	Ratte
06. Januar bis 04. Februar	Büffel
05. Februar bis 05. März	Tiger
06. März bis 05. April	Hase
06. April bis 06. Mai	Drache
07. Mai bis 06. Juni	Schlange
07. Juni bis 06. Juli	Pferd
07. Juli bis 07. August	Ziege
08. August bis 07. September	Affe
08. September bis 08. Oktober	Huhn
09. Oktober bis 07. November	Hund
08. November bis 07. Dezember	Schwein

Wenn Sie nun Ihr Monatszeichen herausgefunden haben, können Sie nachlesen, was in dem Kapitel über das Jahr dieses Zeichens steht. Wenn Sie zum Beispiel Mitte Februar geboren wurden, lesen Sie über das Jahr des Tigers nach. Die Eigenschaften des Monatszeichens modifizieren dann die durch Ihr Geburtsjahr (Zeichen und Element) angelegten Grundeigenschaften.

Ein Beispiel: Jemand, der am 9. August 1957 geboren ist, steht unter dem Einfluß des Zeichens des Huhns und des Feuer-Elements. Er ist also wahrscheinlich ziemlich extrovertiert und voller Lebenskraft. Sein Geburtsmonat ist der des Affen – das bedeutet, daß die intellektuellen Eigenschaften des „Huhns" noch verstärkt werden. Sein Wille ist von dem Forscherdrang des „Affen" beeinflußt, was zusammen mit der Energie des Feuer-Elements und der analytischen Kraft des „Huhns" der Persönlichkeit eine klare Richtung verleiht. Ein solcher Mensch wäre sicherlich ein guter Wissenschaftler, aber im privaten Bereich höchstwahrscheinlich ziemlich anstrengend.

Um Ihnen den Überblick zu erleichtern, habe ich im Anschluß die wichtigsten modifizierenden Kräfte eines jeden Geburtsmonats aufgeführt.

Der Monat der Ratte

Der Monat der Ratte unterstützt die Aktivität und das Streben des Menschen. Alle Eigenschaften werden stärker von Willen und Intellekt beeinflußt. Menschen, die im Monat der Ratte geboren wurden, haben ihre Gefühle besser unter Kontrolle – allerdings ist die mitunter so stark, daß sie sie selbst kaum noch durchbrechen können und es ihnen schwerfällt, Gefühle zu zeigen. Die Aufgabe dieser Menschen ist es, ihre Willenskraft dazu einzusetzen, ihre Persönlichkeit weiterzuentwickeln.

Der Monat des Büffels

Menschen, die im Monat des Büffels auf die Welt kamen, haben es leichter, ihre Eigenschaften in der Welt positiv durchzusetzen. Sie sind weniger beeinflußbar und formbar — was auch heißt, daß sie sich selbst formen müssen. Diese Durchsetzungskraft bekommt zwar vielen Zeichen gut, doch mitunter geht sie in eine Untugend über, nämlich in übertriebenes Streben nach Dominanz. Die Aufgabe der Menschen, die im Monat des Büffels geboren sind, besteht darin, ihre Seelenkräfte durchzusetzen und sich nicht zu sehr auf rein intellektuelle Angelegenheiten zu beziehen.

Der Monat des Tigers

Der Monat des Tigers verleiht den Menschen, die unter seinem Einfluß stehen, eine stärkere Verbindung von Gefühl und Intellekt. Alles erhält eine gefühlsmäßige Tönung, die Persönlichkeit wird mit mehr Herzlichkeit versehen. Auch das intellektuelle Streben wirkt nicht „abgehoben" oder ohne Bezug auf die Gefühle und Emotionen anderer. Die Aufgabe dieser Menschen ist es, die Herzlichkeit zu kultivieren, ohne sich dabei völlig in Subjektivität zu verlieren.

Der Monat des Hasen

Der Wille des Menschen, der im Monat des Hasen geboren wurde, ist von Friedfertigkeit bestimmt, was manchmal schon zu einem zwanghaften Drang nach Harmonie führt. In vielen Fällen wirkt sich das günstig aus, denn diese Menschen besitzen großes Geschick im Umgang mit anderen. Ihre Aufgabe besteht darin, ihre Friedfertigkeit zum Nutzen aller einzusetzen, ihnen aber nicht die eigenen Vorstellungen von Harmonie aufzudrängen.

Der Monat des Drachen

Der Monat des Drachen verleiht denjenigen, die unter seinem Einfluß stehen, ein größeres Maß an Originalität und Einfallsreichtum. Menschen, die eine große originelle Leistung erbracht haben, sind nicht selten im Monat des Drachen geboren: beispielsweise Sigmund Freud, Dali oder Richard Wagner. Die Aufgabe dieser Menschen sollte darin bestehen, die Welt durch ihren Einfallsreichtum um etwas Positives zu bereichern.

Der Monat der Schlange

Dieser Geburtsmonat gibt innere Stärke. Die Kraft der Gedanken und des Willens bei Menschen, die im Monat der Schlange auf die Welt kamen, kann nahezu Berge versetzen. Diese starke Willenskraft muß natürlich eine angemessene Richtung einschlagen, denn sie kann ebensoviel Schaden anrichten wie Gutes bewirken. Die Aufgabe der Menschen, die im Monat der Schlange geboren sind, lautet, ihre Willenskraft für die Entwicklung ihrer Persönlichkeit einzusetzen, ohne andere darunter leiden zu lassen.

Der Monat des Pferdes

Menschen, die im Monat des Pferdes geboren wurden, suchen Herausforderungen, die ihren Intellekt und ihren Willen beanspruchen. Gestellte Aufgaben bewältigen sie leichter und haben auch Freude daran. Bei der Suche nach neuen Aufgaben zeigen sie sich meist ziemlich wagemutig. Diese Menschen sollten sich zum Lebensziel setzen, die eigene geistig-seelische Entwicklung als Herausforderung anzunehmen.

Der Monat der Ziege

Der Intellekt von Menschen, die im Monat der Ziege geboren sind, ist meist ziemlich praktisch orientiert. Dies bewahrt sie davor, sich in geistige Höhen zu begeben, in denen das Leben nicht mehr atmen kann. Das bedeutet nicht etwa einen Mangel an Intellektualität, sondern nur, daß dem Intellekt eine praktische Richtung gegeben wird. Die Aufgabe dieser Menschen ist, das, was sie theoretisch erkennen, in die lebensnahe Praxis umzusetzen.

Der Monat des Affen

Menschen, die unter dem Einfluß des Geburtsmonats des Affen stehen, unterscheiden sich durch ihr höheres Maß an Neugier von anderen. Diese Neugier ist hier durchaus positiv zu sehen, denn sie beruht nicht unbedingt auf Sensationslust, sondern auf dem Willen zur Erkenntnis. Diesen Willen zur Selbsterkenntnis reifen zu lassen, sollten Menschen, die im Monat des Affen geboren sind, sich zur Aufgabe machen.

Der Monat des Huhns

Menschen, die unter dem Einfluß des Huhns stehen, besitzen eine größere analytische Kraft als andere. Das bedeutet, daß es Ihnen leichterfällt, die Ursachen und Wurzeln eines Problems zu erkennen. Etwas schwerer tun sie sich dagegen mit synthetischen, ganzheitlichen Vorstellungen. Die Aufgabe dieser Menschen ist, sich selbst zu analysieren, aber auch zu erkennen, daß nicht allen Dingen das analytische Vorgehen angemessen ist.

Der Monat des Hundes

Menschen, die im Monat des Hundes geboren wurden, neigen dazu, ihren Willen zurückzunehmen. Dies kann einerseits als eine gewisse Willensschwäche interpretiert werden, aber auch als einsichtige Nachgiebigkeit nach dem Motto: „Der Klügere gibt nach." Menschen, die unter dem Einfluß dieses Monats stehen, sollten darauf achten, sich durch ihre Nachgiebigkeit nicht selbst aufzugeben.

Der Monat des Schweins

Der Monat des Schweins verleiht den intellektuellen Bestrebungen der Menschen, die unter seinem Einfluß stehen, eine große Aufrichtigkeit. Ihr Wille ist von dem Streben nach Wahrheit bestimmt. Diese Menschen sollten ihre Aufrichtigkeit sich selbst gegenüber bewahren, aber versuchen, daß ihre Aufrichtigkeit anderen gegenüber sich nicht zur Taktlosigkeit entwickelt.

Kapitel 4:
Die Stunden

Nun fehlt dem chinesischen Horoskop nur noch der „letzte Schliff". Nachdem wir das Geburtsjahr (die Anlagen und Möglichkeiten), das herrschende Element (die grundlegende Richtung, die der Charakter einnimmt) und schließlich den Geburtsmonat (die Ausrichtung des Willens und die Lebensaufgabe) berücksichtigt haben, werden wir nun zu guter Letzt die Geburtsstunde, die Auskunft über die Ausrichtung der Gefühle gibt, für unsere Überlegungen heranziehen.

Ebenso wie die Jahre und Monate, so tragen auch die Stunden die Namen der Tiersymbole. Aus der folgenden Tabelle können Sie — wenn Ihnen Ihre Geburtsstunde bekannt ist — ablesen, welches Zeichen dieser Stunde[1] (eigentlich eine Doppelstunde) zuzuordnen ist.

Tabelle 4: Die Stunden	
23.00 – 00.59	Ratte
01.00 – 02.59	Büffel
03.00 – 04.59	Tiger
05.00 – 06.59	Hase
07.00 – 08.59	Drache
09.00 – 10.59	Schlange
11.00 – 12.59	Pferd
13.00 – 14.59	Ziege
15.00 – 16.59	Affe
17.00 – 18.59	Huhn
19.00 – 20.59	Hund
21.00 – 22.59	Schwein

---

[1] In vielen europäischen Ländern wurde die „Sommerzeit" eingeführt, die von der Sonnenzeit abweicht. In diesem Fall verschiebt sich die Tabelle entsprechend. Für Deutschland beginnt beispielsweise die Stunde der Ratte im Sommer bereits um 22 Uhr.

Wiederum gilt, daß das Stundenzeichen den Charakter nicht um zusätzliche Eigenschaften erweitert, sondern die durch Jahr und Element angelegten Möglichkeiten beeinflußt. Die Geburtsstunde wirkt sich auf das Unterbewußtsein und die Gefühle aus.

Betrachten wir uns wieder das Beispiel aus dem vorangegangenen Kapitel: Jemand, der am 9. August 1957 zur Welt kam, ist ein Huhn-Geborener, der unter dem Einfluß des Feuer-Elements steht. Sein Geburtsmonat ist der des Affen. Die Folgerungen aus dieser Konstellation habe ich ja bereits beschrieben. Wenn derjenige nun beispielsweise ungefähr um 14 Uhr auf die Welt gekommen ist, steht seine Geburtsstunde also unter dem Zeichen der Ziege. In diesem Fall wirkt sich das sehr positiv aus, denn der Einfluß des Geburtsjahres des Huhns und des Feuer-Elements in Verbindung mit dem Monat des Affen machen diesen Menschen zu einem unruhigen, skeptischen Forschertyp. Der Einfluß der Stunde der Ziege gibt jedoch seinem Gefühlsleben eine liebevolle Richtung, so daß er wahrscheinlich besser mit Menschen zurechtkommt, als unter dem Einfluß − sagen wir − der Stunde der Ratte.

Wenn Sie ins Detail gehen wollen, können Sie noch einmal im Kapitel ,,Die Zeichen'' zu den Eigenschaften des jeweiligen Tiersymbols nachschlagen. Doch denken Sie daran, daß Ihre Anlagen und Möglichkeiten durch Ihr Geburts*jahr* bestimmt werden − Sie können also nicht einfach aus den Eigenschaften der Tierzeichen Ihres Geburtsjahres, Ihres Geburtsmonats und Ihrer Geburtsstunde auswählen. Monat und Stunde *beeinflussen* lediglich die grundlegenden Möglichkeiten des Geburtsjahres!

Um Ihnen den Überblick zu erleichtern, habe ich im folgenden die wichtigsten Kräfte jeder Geburtsstunde aufgeführt.

Die Stunde der Ratte

Die Stunde der Ratte verstärkt das Gefühl für das Schöne in der Welt. Menschen, die unter ihrem Einfluß stehen, verfügen meist über großes ästhetisches Feingefühl. Ob sich dies dann als bloßer Ästhetizismus und als Luxusstreben oder aber als künstlerisches Empfinden manifestiert, hängt von den anderen Einflüssen ab.

Die Stunde des Büffels

Menschen, die in der Stunde des Büffels geboren wurden, tragen — was ihre Gefühle angeht — innere Ruhe in sich. Das bedeutet, daß sie gefühlsmäßig sehr stabil sind. Während sich das bei ohnehin ruhigen Zeichen — wie etwa beim Hund — kaum auswirkt, profitieren unruhige Zeichen — zum Beispiel der Tiger — sehr davon.

Die Stunde des Tigers

Die Stunde des Tigers verleiht dem Gefühlsleben eine gewisse spirituelle Tiefe. Menschen, die in dieser Stunde geboren wurden, hegen meist ein starkes Gefühl für Religion, Esoterik oder Metaphysik. Bei Menschen, die sehr intellektuell veranlagt sind, führt die Stunde des Tigers zu einem interessanten Ausgleich.

Die Stunde des Hasen

Menschen, die unter dem Einfluß der Geburtsstunde des Hasen stehen, zeichnen sich in der Regel durch eine größere soziale Intelligenz aus — sie kommen besser mit Menschen zurecht. Natürlich profitieren davon insbesondere jene Zeichen, die auf diesem Gebiet Probleme haben, wie beispielsweise Huhn, Schlange oder Ratte.

Die Stunde des Drachen

Die Stunde des Drachen ist durch Macht gekennzeichnet. Menschen, die in ihr geboren sind, fühlen sich oft von der Macht gefühlsmäßig stark berührt. Das kann sich — je nach Veranlagung — als Drang zur Macht oder aber als „Machtgefühl" — also als Gefühl, alles im Griff zu haben — manifestieren.

Die Stunde der Schlange

Das Gefühlsleben der Menschen, die in der Stunde der Schlange geboren wurden, besitzt eine künstlerische Komponente. Sie *fühlen* also künstlerisch — was allerdings noch nichts über die Stärke dieses Gefühls aussagt. Aber immerhin sehen solche Menschen die Welt mit anderen, tiefer blickenden Augen.

Die Stunde des Pferdes

Die Stunde des Pferdes bewirkt, daß Menschen, die unter ihrem Einfluß stehen, ihre Gefühle stärker unter Kontrolle haben. Sie können sowohl Freude als auch Wut leichter zurückhalten. Es besteht dabei natürlich die Gefahr, Dinge in sich „hineinzufressen", also die Gefühle nicht nur zu kontrollieren, sondern völlig zu unterdrücken.

Die Stunde der Ziege

Die Stunde der Ziege schmückt das Gefühlsleben eines Menschen mit der Kraft der Liebe aus. Jene, die unter ihrem Einfluß stehen, können sich anderen Menschen (möglicherweise aber auch Aufgaben) mit ihrem ganzen Herzen hingeben.

Die Stunde des Affen

Die Stunde des Affen hat genau den gegenteiligen Einfluß wie die Stunde des Büffels. Während der „Büffel" dem Gefühlsleben Ruhe verleiht, trägt der „Affe" zu einer gewissen Unruhe bei. Das führt zu einer Verstärkung dieser Eigenschaft bei ohnehin schon unruhigen Zeichen, wie zum Beispiel dem „Tiger". Ruhige Zeichen, wie etwa der „Hund", können dagegen sehr davon profitieren.

Die Stunde des Huhns

Bei Menschen, die in der Stunde des Huhns geboren wurden, ist das Ich-Gefühl sehr stark ausgeprägt. Sie erkennen sich selbst gefühlsmäßig, was oft einen wichtigen Schritt auf dem Weg der Selbstfindung darstellt. Allerdings kann dieses Ich-Gefühl bei entsprechend veranlagten Zeichen (zum Beispiel beim „Pferd") auch zu einer übersteigerten Egozentrik führen.

Die Stunde des Hundes

Die Stunde des Hundes versieht die Gefühle eines Menschen mit mehr Sensibilität. Es ist nun natürlich wichtig, worauf sich diese richtet: auf sich selbst, auf andere Menschen, auf Situationen oder auf Dinge. Die meisten Zeichen profitieren jedoch von größerer Sensibilität.

Die Stunde des Schweins

Die Stunde des Schweins stellt in jedem Fall eine Glücksstunde dar. Sie verleiht den Gefühlen der Menschen, die unter ihrem Einfluß stehen, eine grundlegende Freude. Auch wenn alles schiefgeht – Menschen, die in einer Stunde des Schweins geboren wurden, fällt es leichter, sich wieder aufzuraffen.

Kapitel 5:
Das Himmelsrad

Als Hilfe für Sie, um mit der chinesischen Rhythmologie arbeiten zu können, ohne daß Sie sich in komplizierte Berechnungen stürzen müssen, habe ich das ,,Himmelsrad'' entworfen. Mit diesem ,,Werkzeug'' können Sie schnell herausfinden,

- welches Zeichen jedes Jahr bis zum Jahr 2007 herrscht;

- welche Tiere mit Ihrem Zeichen harmonieren und welche weniger;

- wie die nächsten zwölf Jahre für Sie verlaufen werden;

- wie es um Ihre berufliche und finanzielle Entwicklung in jedem dieser Jahre steht;

- wie Ihre Liebesbeziehungen von einem gegebenen Jahr beeinflußt werden;

- in welchen Jahren Ihre Gesundheit unter günstigen und in welchen Jahren sie unter weniger günstigen Einflüssen steht;

- welche Jahre für Ihre geistig-seelische Entwicklung am vorteilhaftesten sind.

Auf der folgenden Seite finden Sie das Himmelsrad abgedruckt.

Bauanleitung

Kopieren Sie die Seite zweimal. Da das Rad durch das Buchformat ziemlich klein ausfällt, empfehle ich Ihnen, es beim Kopieren vergrößern zu lassen. Nehmen Sie dann die erste Kopie, schneiden Sie das gesamte Rad aus und kleben Sie es

auf ein Stück feste Pappe, die Sie dann ebenfalls zurecht-
schneiden.

Bei der zweiten Kopie schneiden Sie den Innenkreis aus.
Das äußere Rad, auf dem die Jahre von 1996 bis 2007 sowie
die zwölf Tiere stehen, wird also weggeschnitten. (Es ist jedoch sinnvoll, eine kleine Lasche stehenzulassen, die in die
äußeren Kreise hineinragt, damit Sie später einen Griff zum
Drehen haben.) Den Innenkreis kleben Sie nun ebenfalls auf
Pappe und schneiden diese zurecht.

Sie haben nunmehr zwei Scheiben: eine größere und eine
kleinere. Legen Sie die kleinere Scheibe auf die größere und
verbinden Sie beide, indem Sie durch die Mitte eine Reiß-
zwecke stoßen. Die kleinere Scheibe liegt nun drehbar auf
der größeren. Das Himmelsrad ist fertig!

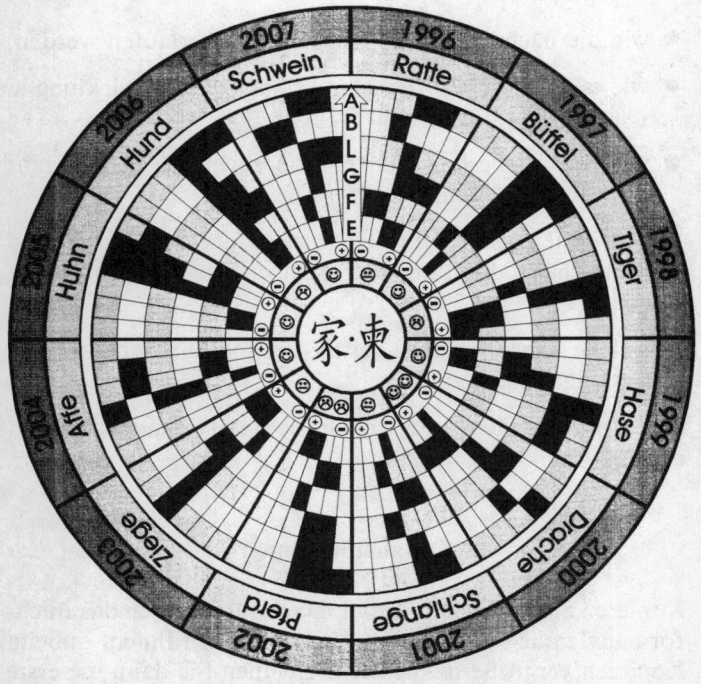

Abb. 13: Das Himmelsrad

Die Arbeit mit dem Himmelsrad

Grundeinstellung

Auf dem Innenkreis des Himmelsrades finden Sie einen Pfeil, in dem sechs Buchstaben stehen: A, B, L, G, F, E. Drehen Sie nun das Innenrad so weit, bis die Pfeilspitze auf die Linie links von Ihrem Tierzeichen auf dem äußeren Ring zeigt.

Unter welchen Zeichen stehen die nächsten Jahre?

Dies können Sie ganz einfach auf dem äußeren Ring ablesen. Das Jahr 1996 ist ein Jahr der Ratte, 1997 ein Jahr des Büffels usw.

Welche Zeichen harmonieren mit Ihnen?

Auch das können Sie nun auf dem Himmelsrad ganz einfach erkennen. Dazu betrachten Sie bitte den kleinen inneren Ring, auf dem Sie Symbole mit stilisierten Gesichtern sehen. Auf dem zweiten Ring ganz außen steht das dazugehörige Tierzeichen. Die Symbole bedeuten im einzelnen:

☺☺ : Dieses Tierzeichen paßt am besten zu Ihnen.

☺ : Auch mit diesen Zeichen harmonieren Sie recht gut.

☺ : Mit diesem Zeichen kommen Sie mäßig gut zurecht.

☹ : Sie harmonieren weniger gut mit diesen Zeichen.

☹☹ : Dieses Tierzeichen paßt am wenigsten zu Ihnen.

Nehmen wir an, Sie sind in einem Jahr der Ratte geboren und wollen wissen, wie gut ein „Drache" zu Ihnen paßt. Sie stellen also den Pfeil auf Ihr Zeichen ein (Grundeinstellung) und suchen auf dem äußeren Ring den Drachen. Gehen Sie nun auf dem Kreissegment, das dem Drachen zugeordnet ist, nach innen, bis Sie auf den Kreis mit den Gesichtern treffen. Sie finden dort zwei lachende Gesichter: ☺☺ . Der „Drache" harmoniert also am besten von allen Zeichen mit der „Ratte".

Wenn Sie wissen wollen, welches Zeichen am wenigsten zu Ihnen paßt, so suchen Sie auf dem innersten Kreis das Segment mit den zwei griesgrämigen Gesichtern: ☹☹ .

Wenn Sie nun auf diesem Segment nach außen gehen, stoßen Sie dort auf das „Pferd". Der Pferd-Geborene harmoniert also am wenigsten mit dem Ratte-Geborenen.

Denken Sie daran, daß das Horoskop lediglich die *natürlich bestehende* Harmonie oder Disharmonie der Zeichen wiedergibt. Es wäre also *nicht* sinnvoll, sich beispielsweise seinen Lebenspartner ausschließlich nach dem Tierzeichen auszuwählen. Wenn etwa der Pferd-Geborene am wenigsten zum Ratte-Geborenen paßt, heißt das, daß die beiden *nicht natürlicherweise* auf einer Schwingungsebene liegen, sondern sich *um Harmonie bemühen* müssen — was einer Beziehung durchaus zugute kommt!

Die Einflüsse der kommenden Jahre

Auf dem Himmelsrad können Sie für jedes Jahr bis zum Jahre 2007 die günstigen und die weniger günstigen Einflüsse ablesen. Dabei habe ich sechs Bereiche berücksichtigt:

A: Allgemeine Entwicklung
B: Berufliche Entwicklung
L: Liebesleben
G: Gesundheit
F: Materielle Entwicklung (Geld)
E: Geistig-seelische Entwicklung

Diese Buchstaben finden Sie auf dem Innenkreis in dem Pfeil. Die markierten Felder derselben Zeile (die um den Kreis herum verläuft) zeigen, wie günstig oder weniger günstig das entsprechende Jahr in diesem Bereich für Sie verläuft. Dabei gibt es sechs verschiedene Ausprägungen:

: sehr negativ
: negativ
: negative Tendenz
: positive Tendenz
: positiv
: sehr positiv

Bitte denken Sie daran, daß „sehr negativ" *nicht* heißt, daß es Ihnen in diesem Bereich in dem betreffenden Jahr schlechtgehen *muß*. Auch ein solches Jahr kann sehr gut für Sie verlaufen. Das Horoskop zeigt lediglich an, daß die rhythmischen Einflüsse hier nicht zu Ihren Gunsten arbeiten. Allein dadurch, daß Sie darüber Bescheid wissen, können Sie jedoch den Verlauf dieses Jahres, wie er sich für Sie konkretisiert, leichter bestimmen, weniger Risiken eingehen oder gerade diesem Bereich besondere Aufmerksamkeit widmen.

Wie gehen Sie nun genau vor, um die Einflüsse eines bestimmten Jahres auf Ihr Zeichen herauszufinden? Nehmen wir als Beispiel wiederum an, Sie seien Ratte-Geborener und haben die Grundeinstellung bereits vorgenommen. Sie können sich nun auf dem äußersten Kreis ein bestimmtes Jahr suchen und finden dann in dem entsprechenden Kreissegment die einzelnen Ausprägungen eines jeden Bereiches.

Angenommen, Sie wollen wissen, welche Einflüsse das Jahr 2000 für Sie als Ratte-Geborenen mit sich bringt. Sie suchen also auf dem Außenring das Jahr 2000 (ein Jahr des Drachen). Nun betrachten Sie das darunter liegende Segment.

Der äußerste Ring des Innenkreises (Symbol „A"), der die allgemeine Entwicklung anzeigt, weist an dieser Stelle eine schwarze Markierung zur negativen Seite hin auf: Die Einflüsse des Jahres 2000 auf die allgemeine Entwicklung des Ratte-Geborenen haben also eine leicht negative Tendenz (Doch erinnern Sie sich daran: Das bedeutet *nicht*, daß dieses Jahr schlecht verlaufen *muß*!).

Weiterhin sehen Sie für das Jahr 2000 in den anderen Bereichen:

B: Berufliche Entwicklung: positive Tendenz
L: Liebesleben: eher negative Einflüsse
G: Gesundheit: leicht negative Tendenz
F: Materielle Entwicklung (Geld): sehr positiv
E: Geistig-seelische Entwicklung: positive Tendenz

Diese Beschreibungen klingen komplizierter, als es in Wirklichkeit ist. Wenn Sie das fertige Himmelsrad in Händen halten, werden Sie sehen, wie einfach es zu handhaben ist. Sie können mit Hilfe des Himmelsrades feststellen, welche Einflüsse die kommenden Jahre auf Ihr Zeichen nehmen und welche Tiersymbole mit Ihnen harmonieren. Aber Sie können dies ebensogut für andere herausfinden – eine kleine Drehung am Himmelsrad genügt!

Ohne das Haus zu verlassen,
kann man das Wesen der Erde erkennen;
ohne aus dem Fenster zu blicken,
den Weg des Himmels erkennen.
Je weiter man hinausgeht,
desto geringer wird das Verstehen.

Tao te King

Kapitel 6:
Chinesisches und westliches Horoskop

Oft höre ich die Frage, welches System nun das „bessere" sei — das der westlichen oder das der chinesischen Horoskoperstellung. Die Antwort darauf ist, daß *kein* System dem anderen überlegen ist.

Selbstverständlich haben beide Methoden ihre Stärken und Schwächen — und viel hängt auch von demjenigen ab, der sich damit befaßt. Für manche Menschen sind die Aussagen, die das westliche Horoskop trifft, interessanter, und für andere verhält es sich umgekehrt. Man könnte also auch mit einiger Berechtigung sagen, daß sich beide Methoden ergänzen. Aber was sind im einzelnen die Unterschiede und Gemeinsamkeiten?

Zunächst einmal gehen beide Lehren davon aus, daß der Zustand der Außenwelt zum Zeitpunkt der Geburt eines Menschen prägenden Einfluß auf sein Schicksal, seine geistigen und seelischen Eigenschaften und auf die Entwicklung seiner Persönlichkeit hat. Beide Systeme messen dem Mond und der Sonne dabei große Bedeutung bei. Und schließlich verfügen beide über zwölf Tiersymbole, die menschlichen Grundtypen entsprechen.

Hier beginnen bereits wichtige Unterschiede und Mißverständnisse. Dadurch, daß bei beiden Systemen die Einteilung in zwölf Haupttypen besteht, entsteht nämlich häufig der Eindruck, beide Methoden seien im Grunde genommen gleich. Dann wäre natürlich die Frage ganz berechtigt, weshalb westliche Menschen sich überhaupt mit dem chinesischen Horoskop befassen sollten. Doch es bestehen eben bedeutende Unterschiede.

Kommen wir noch einmal auf die zwölf Tiersymbole zu sprechen, die scheinbar beiden Systemen gemein sind. In der westlichen Astrologie (von lateinisch „astra" = Stern und griechisch „logos" = Wort oder Lehre) ist der Himmel in zwölf Segmente – den Zodiak oder Tierkreis – eingeteilt. Die Stellung der Sonne im Tierkreis zum Zeitpunkt der Geburt bestimmt das ,,Sternzeichen‘‘. Die Planeten unseres Sonnensystems und der Mond beeinflussen dann die individuelle Ausprägung. Die westliche Astrologie ist ein sehr komplexes System – acht Planeten, Sonne und Mond sind Variablen, die sich gegenseitig beeinflussen.

Die zwölf Zeichen des chinesischen Horoskops sind dagegen Manifestationen eines zwölfjährigen Rhythmus, der im Grunde unabhängig von den ,,Sternen‘‘ ist; es ist also ein *Rhythmus der Erde*, nicht des Himmels (auch wenn der Mond eine Rolle spielt). Noch mehr gilt das für die zweite, wichtige Komponente des chinesischen Horoskops. Deswegen ist es auch problematisch, hier von *Astrologie* zu sprechen. Die möglichen Einflüsse der Planeten werden im chinesischen Horoskop nicht explizit berücksichtigt.

Die ,,Astrologie‘‘ Chinas stellt also keine ,,Sterndeutung‘‘, sondern eher eine ,,Rhythmologie‘‘ oder ,,Stundendeutung‘‘ dar. Die Rhythmen der Erde und ihr Einfluß auf die menschlichen Rhythmen – im Kleinen wie im Großen – stehen im Zentrum der Aufmerksamkeit des chinesischen Horoskops. Deshalb sind auch die Versuche mancher (westlicher) Astrologen, den Jahres-Zeichen des chinesischen Tierkreises die Zeichen des Zodiak zuzuordnen, ziemlich abwegig. Lediglich die Monats-Tiere könnten mit dem Tierkreis der abendländischen Astrologie in Verbindung gebracht werden. Dabei ergäbe sich folgende Zuordnung:

Chinesisches Zeichen	Tiere des Zodiak
Ratte	Steinbock
Büffel	Wassermann
Tiger	Fische
Hase	Widder
Drache	Stier
Schlange	Zwillinge
Pferd	Krebs
Ziege	Löwe
Affe	Jungfrau
Huhn	Waage
Hund	Skorpion
Schwein	Schütze

Wenn Sie sich mit der abendländischen Astrologie befaßt haben, werden Sie feststellen, daß es zwar einige Ähnlichkeiten gibt, aber ebenso viele Differenzen. Das liegt nicht nur daran, daß die chinesischen Monate nicht genau mit den Geltungsdaten der Tiere der abendländischen Astrologie übereinstimmen, sondern es hat vor allem damit zu tun, daß die chinesische ,,Rhythmologie" eine etwas andere Perspektive einnimmt.

Der grundlegende Unterschied zwischen dem chinesischen und dem westlichen Horoskop ist wahrscheinlich der in den Denkweisen. Die Stärke des westlichen Denkens liegt in der *Analyse*, dem immer genaueren Erforschen aller Dinge, dem Zerlegen und Zergliedern, um den Aufbau und die Struktur und nicht zuletzt die *Ursache* zu ergründen. Die Domäne des östlichen Denkens ist dagegen eher die *Synthese* – das Zusammenfügen von Beobachtungen zu einem großen Ganzen. Entsprechend besteht auch in der Kraft der Intuition im Osten einerseits und in der Kraft der Logik im Westen andererseits ein wesentlicher Unterschied.

Entsprechend sind auch die Unterschiede zwischen dem westlichen und dem chinesischen Horoskop zu sehen. Die westliche Astrologie analysiert die Gegebenheiten zum Zeitpunkt der Geburt, berücksichtigt dabei möglichst viele Faktoren und kommt so zu ihren Aussagen, die sehr ins Detail gehen können.

Beim chinesischen Horoskop wird dagegen von längeren, irdischen (und himmlischen, soweit sie sich direkt auf die Erde beziehen) Rhythmen ausgegangen: den Rhythmen des Lebens selbst. Die 60 Jahre, die ein Zyklus im chinesischen Horoskop dauert, entsprechen in etwa einem menschlichen Lebensalter. Das chinesische Horoskop hat ein Gesamtbild zum Ziel.

Nun dürfte klar sein, daß kein System dem anderen prinzipiell überlegen ist − sie beziehen einfach unterschiedliche Standpunkte, von denen aus sie aber beide auf den Menschen blicken. Er *erscheint* vielleicht von jeder Ausgangsposition aus jeweils verschieden, doch am betrachteten Menschen ändert sich dadurch nichts. Kein System wird den Menschen als Ganzes vollständig erfassen können.

Wissen Nicht-Wissen zu nennen, ist weise;
Nicht-Wissen Wissen zu nennen, ist töricht.